Günter Baumann
Der archetypische Heilsweg
Hermann Hesse, C. G. Jung und die Weltreligionen

Dr. Günter Baumann

wurde 1953 in Herrlingen in der Nähe von Ulm geboren und hat in Blaubeuren seine Kindheit und Jugend verbracht. Nach dem Abitur studierte er in Freiburg/Breisgau Germanistik und Wissenschaftliche Politik und schloss nach dem Staatsexamen sein Studium mit einer Dissertation über Hermann Hesse und C. G. Jung ab. Danach arbeitete er hauptberuflich als Gymnasiallehrer für Deutsch, Politik und Ethik. Daneben veröffentlichte er mehrere Bücher über literarische und philosophische Themen und hielt über 200 Vorträge in der Erwachsenenbildung, die ihn bis in die Schweiz, nach Polen und Indien führten. Mehrere seiner Schriften sind auch ins Englische und Japanische übersetzt. Heute lebt er als pensionierter Oberstudienrat, Vortragsredner, Autor und Kleinverleger in Balingen (Württemberg).

Weitere Veröffentlichungen (u. a.):
Individuation - Wege zum Selbst. Hermann Hesses Erzählungen im Lichte der Psychologie C. G. Jungs. 3. Auflage, opus magnum

Hermann Hesse - Dichter und Weiser.
Über den Autor Tel. 07433 / 37480 bestellbar.

Günter Baumann

Der archetypische Heilsweg

Hermann Hesse, C. G. Jung

und die Weltreligionen

opus magnum

Bibliografische Information der Deutschen Nationalbibliothek
Die Deutsche Nationalbibliothek verzeichnet diese Publikation in der
Deutschen Nationalbibliografie; detaillierte bibliografische Daten sind
im Internet über http: //dnb.d-nb.de abrufbar

© 2020 by opus magnum, Stuttgart (www.opus-magnum.com)
Dritte Auflage, Version 1.01
Umschlaggestaltung, Grafik und Layout: Dr. Lutz Müller
Herstellung: BOD – Books on Demand GmbH., Norderstedt
Alle Rechte vorbehalten

ISBN 978-3-95612-033-6

Inhalt

Vorwort

Wir erleben heute, dass Gegensätze überwunden werden, die von alters her als unverrückbar gegolten hatten. Die Menschheit sucht nach gemeinsamen Grundwerten anstelle der Religionskriege, der Weltkriege und der ideologischen Konfrontationen früherer Jahrhunderte.

Doch hat es auch in der Vergangenheit keineswegs an Bemühungen gefehlt, der Selbstzerstörung der Menschheit Einhalt zu gebieten. Aufklärung erstrebt Achtung vor den Überzeugungen und Gefühlen anderer Menschen, sie erzieht zur Toleranz. Aufklärung kann allerdings erst dann Platz greifen, wenn die Kultur, in deren Rahmen sie sich entfalten soll, eine gewisse Reife erreicht hat. So schuf sie im 18. Jahrhundert die Voraussetzungen dafür, dass die Romantiker die ihnen wahlverwandte Welt des indischen Geistes entdecken und durch Übersetzungen für eine erste Begegnung zwischen Europa und dem religiösen Leben des Fernen Ostens sorgen konnten.

So kam auch Arthur Schopenhauer (1788-1869) dazu, die „Upanishaden", die Geheimlehre der Inder, als „die belohnendste und erhabenste Lektüre, die auf der Welt möglich ist", zu erklären, als den „Trost meines Lebens und Sterbens."[1]

Friedrich Nietzsche (1844-1900) führte die Auseinandersetzung mit der indischen Geisteswelt fort, freilich in vorwiegend kritischer Distanz zu ihrer asketischen Grundtendenz. Bedeutende Philologen, u.a. Paul Deussen, Alfred Hillebrandt, Helmuth v. Glasenapp, Heinrich Zimmer und Richard Wilhelm, ergänzten das verfügbare Material durch die Publikation weiterer heiliger Schriften aus Indien und China. In den Zwanziger Jahren des letzten Jahrhunderts war die Edition der wichtigsten religiösen Texte aus dem Fernen Osten im Wesentlichen abgeschlossen.

Diese Dokumentation wurde in Europa bereitwillig aufgenommen; die intellektuelle Avantgarde setzte sich mit ihr auseinander und verarbeitete sie in schöpferischer Weise. Beispiele hierfür sind Klabunds Übersetzung des Tao-Te-King, Stefan Zweigs

Legende „Die Augen des ewigen Bruders", Alfred Döblins Roman „Die drei Sprünge des Wang-lun" und Thomas Manns Erzählung „Die vertauschten Köpfe".

Bei keinem der genannten Autoren dürfte indessen die Rezeption der östlichen Gedankenwelt so umfassend und nachhaltig gewesen sein wie bei Hermann Hesse und C. G. Jung. Dadurch heben sie sich gegen ihre Zeitgenossen ab. Der Unterschied ist in mehrfacher Hinsicht bemerkenswert.

Dies gilt zunächst für die zeitliche Dauer. Beide beginnen schon am Anfang des letzten Jahrhunderts, sich mit den asiatischen Religionen zu beschäftigen; praktisch bis zu ihrem Tod in den sechziger Jahren, also über mehr als fünfzig Jahre, setzen sie ihre Bemühungen fort. Ein halbes Jahrhundert lang lesen, rezensieren und kommentieren sie nahezu alles, was ihnen an Schriften hierüber zugänglich wird.

Hinzu kommt, dass beide sich durch ihr besonderes Erkenntnisinteresse und durch ihre spezielle Fragerichtung grundlegend von den anderen bedeutenden Autoren aus ihrer Zeit unterscheiden. Denn beide suchen eine Botschaft, die den asiatischen Religionen und dem Christentum gemeinsam sein könnte. Sie möchten einen gemeinsamen Nenner finden. Am Ende meinen beide, diesen gefunden zu haben, die Quintessenz von östlicher und westlicher Religiosität.

Durch ein drittes Merkmal tun sich Hermann Hesse und C. G. Jung hervor: Um die Ergebnisse ihrer Bemühungen zu vermitteln, schaffen sich beide eine eigene, psychologische Sprache. Hier geht allerdings jeder seinen Weg: Die Sprache des Dichters ist nicht die Sprache des Wissenschaftlers.

Die Gemeinsamkeiten zwischen östlicher und westlicher Religiosität stehen im Mittelpunkt des Schaffens sowohl von Hermann Hesse als auch von C. G. Jung. Sie sollen im folgenden aufgezeigt werden.

Der Band, der hiermit vorgelegt wird, gibt dem Leser zunächst einen kurzen Abriss über die wissenschaftliche Arbeit und die wichtigsten Thesen von C. G. Jung, soweit dies für unsere Zwecke nötig ist. Sodann wird berichtet, wie Hermann Hesse zur Psychologie

C. G. Jungs Zugang gefunden hat. Dabei wird das Verhältnis Hermann Hesses zu den beiden Psychotherapeuten J. B. Lang und C. G. Jung erläutert. Jungs Einfluss wird auf solche Weise von Hesses Leben her gleichsam beglaubigt und verständlich gemacht. Anschließend wird Hermann Hesses religiöse Anthropologie dargelegt. Dieses Kapitel behandelt Hesses Drei-Stufen-Modell der menschlichen Entwicklung. Das Modell wird mittels der Archetypenlehre C. G. Jungs interpretiert.

Der religiöse Teil, der darauf folgt, wird aufzeigen, dass Hesse und Jung Grundgesetze der psychischen Entwicklung erarbeitet haben, die als Muster für einen universal gültigen religiösen Heilsweg begriffen werden können. Ein solcher Heilsweg lässt sich u. a. im Leben von Jesus, Paulus, Augustinus, Luther und Buddha nachweisen.

Alle für Hesse maßgeblichen Weltreligionen – das sind: das Christentum, der Hinduismus, der Buddhismus und der Taoismus – stimmen seiner Auslegung nach mit der Zielperspektive des von Jung entworfenen Individuationsprozesses überein: die „Realisierung des Selbst".

Mit anderen Worten: Es geht um den Aufweis, dass Hesse und Jung gewissermaßen eine gemeinsame Quintessenz der Weltreligionen, eine „summa metaphysica" eingefangen und zum Ausdruck gebracht haben.

Der Islam wird allein deshalb nicht berücksichtigt, weil er für Hermann Hesse keine nachweisliche Bedeutung gehabt hat. Grundsätzlich und psychologisch gesehen, gilt aber für den Islam als Gesetzesreligion das Nämliche wie für das Judentum, das den Ausgangspunkt für die Betrachtungen des religiösen Teils bildet.

Mit Jungs tiefenpsychologischer Auslegung des christlichen und buddhistischen Heilsweges, mit den beiden Religionen gemeinsamen Grundgesetzen und Zielperspektiven schließt dieser Band ab.

1. Die Tiefenpsychologie C. G. Jungs

C. G. Jung wird am 26. Juli 1875 in Keßwil (Thurgau) als Sohn des evangelischen Pfarrers Johann Paul Achilles Jung und seiner Frau Emilie, geborene Preiswerk, geboren. Er studiert Medizin in Basel, macht im Jahr 1900 sein Staatsexamen und entschließt sich danach, sich der Psychiatrie zuzuwenden.

Geisteskranke wurden um die Jahrhundertwende nach Methoden behandelt, die den Merkmalen der einzelnen Persönlichkeit nicht Rechnung trugen. Die Therapie blieb deshalb schematisch. Jung beabsichtigte, auf der Grundlage des psychiatrischen Wissens, das er sich nun aneignen wollte, in die Psyche des jeweiligen Patienten einzudringen. Er hoffte, durch dieses Vorgehen den Ursachen der diagnostizierten Störungen auf die Spur zu kommen.

In dieser Situation erweisen sich die Schriften Sigmund Freuds (1856-1939) für Jung als von entscheidender Bedeutung. Denn Freud, ein Neurologe, kein Psychiater, bringt die Psychologie in die Psychiatrie ein. Seine Untersuchungen zur Psychologie der Hysterie und des Traumes sind für Jung der Beweis, dass jeder Patient ein Fall für sich ist; sie regen ihn zu eigenen Forschungen an. Jung eröffnet eine Privatpraxis und habilitiert sich an der medizinischen Fakultät der Universität Zürich. Er hält Vorlesungen über Psychoneurosen und Psychologie. Im Jahre 1907 kommt es zu einer ersten Begegnung mit Freud in Wien. Beide sind voneinander begeistert. In seiner Autobiografie „Erinnerungen, Träume, Gedanken" schreibt Jung:

> Wir trafen uns um ein Uhr mittags, und dreizehn Stunden lang sprachen wir sozusagen pausenlos. Freud war der erste wirklich bedeutende Mann, dem ich begegnete. Kein anderer Mensch in meiner damaligen Erfahrung konnte sich mit ihm messen. In seiner Einstellung gab es nichts Triviales. Ich fand ihn außerordentlich intelligent, scharfsinnig und in jeder Beziehung bemerkenswert?[2]

Aus dieser Begegnung entwickelt sich eine fruchtbare Zusammenarbeit. Freundschaft entsteht. Freud deutet an, dass er gern Jung als seinen Nachfolger sehen würde. Jung aber wird zunehmend skeptischer. Schon 1909 beginnt er, sich intensiv mit Mythologie zu beschäftigen. Er ist bei der Behandlung von Psychosen auf Symbole gestoßen, die er nicht versteht. Außerdem veranlassen ihn seine analytischen Erfahrungen, Freuds Sexualtheorie in Frage zu stellen.

Freud hält nämlich den Sexualtrieb für die bestimmende Komponente der Persönlichkeit. Er bestimmt zusammen mit dem Aggressions- oder Todestrieb das Unbewusste im Menschen (das „Es"); das „Ich" tritt uns als Bewusstsein entgegen; das „Über-Ich" sorgt als moralische Instanz dafür, dass das Individuum sich der Realität (dem gesellschaftlichen Umfeld) anpasst. Aus der Unterdrückung des Sexualtriebes entstehen nach Freud die Neurosen. Die Umformung und „Sublimierung" des Sexualtriebes bringt die Kultur hervor.

Dieser Theorie Freuds vermag Jung nicht mehr zu folgen. Denn er ist im Rahmen seiner Praxis mit zahlreichen Neurosen befasst worden, in denen seiner Ansicht nach Sexualität nur eine untergeordnete Rolle spielt. Doch ist Freud nicht bereit, sich auf eine Diskussion einzulassen. Er erhebt seine Sexualtheorie zum Dogma.

Jung gewinnt indessen die Überzeugung, dass Freud seine Autorität als „Papst" der Psychoanalyse über die wissenschaftliche Erkenntnis stellt. Er ist enttäuscht und wendet sich von ihm ab.

Im Jahre 1912 veröffentlicht Jung „Wandlungen und Symbole der Libido" (heute: „Symbole der Wandlung").[3] Diese Untersuchung wird später auch auf Hermann Hesse einen starken Einfluss ausüben. Jung ist sich von vornherein darüber klar, dass die Publikation den Bruch mit Freud nach sich ziehen muss. Im Gegensatz zu Freud begreift Jung die Libido nicht als sexuelle Energie, sondern ganz allgemein als eine psychische Energie, die unterschiedliche qualitative Bestimmungen annehmen kann. Der Bruch mit der „Vaterfigur" Freud, für jedermann offensichtlich geworden, erweist sich für Jung allerdings als eine Befreiung, die er selbst erkennt.

Während des ersten Weltkrieges erlebt Jung eine gewaltige Erup-
tion seines Unbewussten, einen beinahe unablässigen Strom von
Träumen, Visionen und Halluzinationen. Er muss seine Lehrtätigkeit
an der Universität einstellen. Jahrelang wird er kein wissenschaftliches
Werk mehr lesen können. Er ist nur noch imstande, seine Visionen
aufzuzeichnen. Auf diese Weise entstehen die „Septem Sermones ad
mortuos"[4] („Sieben Ansprachen an die Toten"), die er 1916 als Privatdruck veröffentlicht. Sie enthalten die Botschaft von der Gottheit
Abraxas, die Gut und Böse in sich vereinigt. Diese Botschaft hat in
Hermann Hesses „Demian" Eingang gefunden. Jung hat in seiner
Autobiografie hervorgehoben, dass sein Erlebnis von entscheidender
Bedeutung für seine weitere Existenz gewesen sei; das damals in ihm
emporquellende Material habe die Grundlage für sein späteres wissenschaftliches Werk in seiner Gesamtheit abgegeben.

Die entscheidende Entdeckung, die Jung diesem Erlebnis zu verdanken hat, ist die des „kollektiven Unbewussten". Freud hatte schon einge-
räumt, dass es im Unbewussten Reste alter Erfahrungen gebe. Er war
jedoch der Meinung, dass diese archaische Formen keinen Einfluss auf
die lebendige Psyche ausüben würden. Jung erlebte jedoch das Gegen-
teil: Er meinte, erkannt zu haben, dass das Unbewusste neben allen
individuellen Inhalten in der Tiefe Urbilder berge, die allen Menschen
gemeinsam seien und die Matrix der mythenbildenden Phantasie der
Völker abgeben. Diese Urbilder des „kollektiven Unbewussten" nannte
er „Archetypen".

Dass sein Erlebnis und das daraus abgeleitete Vorhandensein von
Archetypen allgemein gültig waren, musste Jung jedoch beweisen. Dazu
erarbeitete er sich die Gedankenwelt der Gnosis und der Alchemie als
historisches Fundament seiner Psychologie. Später kam die Auseinandersetzung mit den Religionen Indiens und Chinas, sowie eine auf
vielen Reisen gewonnene Einsicht in die Psychologie der sogenannten
Primitiven hinzu.

Auf solche Art und Weise gelangte Jung zu seiner Auffassung vom „Individuationsprozess" als dem Grundmuster der psychischen Entwicklung des einzelnen Menschen.

Der Individuationsprozess ist seiner eigentlichen Natur nach ein psychischer Integrations- und Wachstumsprozess. In seinem Ablauf erkennt („assimiliert") das Ich-Bewusstsein bestimmte archetypische Vorstellungen und Erlebniskomplexe, die zunächst entweder im Unbewussten ruhen oder in die Außenwelt projiziert sind, als Anteile der eigenen Psyche. Damit realisiert das Ich-Bewusstsein einen höheren Grad an innerer Ganzheit. Der Individuationsprozess – und dies wird in den Erzählungen Hermann Hesses auf vielfache Weise variiert werden – ist also elementar mit Bewusstwerdung und Auflösung von Projektionen verknüpft. Die Assimilation der Projektionen (so der Grundgedanke von Jung) hebt die zunächst unbewusste kollektive Verhaftung des Einzelnen auf; sie ermöglicht psychisches Wachstum und schafft die Möglichkeit eines bewussten und reflektierten Umgangs mit innerseelischen Antrieben, Bedürfnissen und Dispositionen. Deshalb spricht Jung von „Individuation".

Die erste archetypische Figur, mit der sich das Ich-Bewusstsein während des Individuationsprozesses in der Regel auseinanderzusetzen hat, ist nach Jung der „Schatten". Diese Figur wird von Jung wie folgt definiert:

> Indem der Schatten die dem Bewußtsein am nächsten stehende und am wenigsten explosive Figur ist, bildet er auch jenen Persönlichkeitsaspekt, der bei der Analyse des Unbewußten zuerst in Frage kommt [...] Die Figur des Schatten personifiziert alles, was das Subjekt nicht anerkennt und was sich ihm doch [...] aufdrängt, also zum Beispiel minderwertige Charakterzüge und sonstige unvereinbare Tendenzen.[5]

Die nächste Stufe des Individuationsprozesses hat nach Jung eine geschlechtsspezifische Ausprägung: Der Mann hat sich mit seiner meist unbewussten und unrealisierten Weiblichkeit (der „Anima") auseinanderzusetzen, die Frau mit ihrer ebenfalls meist unbewussten Männlichkeit (dem „Animus"). Jung charakterisiert diese beiden Archetypen wie folgt:

> Die im Individuationsprozess zum Ich-Bewußtsein hinzutretende Seele hat also beim Manne das weibliche Vorzeichen, bei der Frau das männliche. Seine Anima sucht zu einigen und zu vereinen, ihr Animus will unterscheiden und erkennen [...] Die Anima ist der Archetypus des Lebens [...] Denn das Leben kommt zum Manne durch die Anima, obwohl er der Ansicht ist, es käme ihm durch den Verstand (mind). Er meistert das Leben durch den Verstand, aber das Leben lebt in ihm durch die Anima. Und das Geheimnis der Frau ist, dass das Leben zu ihr durch die geistige Gestalt des Animus kommt, obwohl sie annimmt, es sei Eros, der ihr das Leben bringt.[6]

Anima und Animus sind also nach Jung „kompensatorische" Inhalte des kollektiven Unbewussten. Ihre primäre Funktion besteht darin, das habituell logozentrische Ich-Bewusstsein des Mannes bzw. die erotische Bewusstseinsstruktur der Frau auszugleichen und der psychischen Ganzheit anzunähern. Häufig treten sie auf als Mittler zum komplexesten und bewusstseinsfernsten aller Archetypen, zum „Selbst".

Das Selbst ist am tiefsten im kollektiven Unbewussten vergraben; deshalb manifestiert es sich erst nach der Auseinandersetzung mit den übrigen Archetypen. Es besitzt einen Doppelaspekt: Zum einen vermittelt es die Erfahrung eines tiefsten und innersten Kerns der Psyche, zum anderen das Erlebnis von deren Einheit und Ganzheit. Die Emanation des Selbst ist eine umwälzende innere Erfahrung. Sie wird vom Ich-Bewusstsein meist als ein Wiedergeburtserlebnis oder eine Gotteserfahrung empfunden. Jung charakterisiert das Selbst und seinen Zusammenhang mit religiösen Erfahrungen und Symbolen wie folgt:

> Das was hier Selbst genannt wird, ist [...] die psychische Totalität. Diese übergeordnete Ganzheit wird vom Bewußtsein numinos erlebt, als Tremendum und Faszinosum.[7]
> Einheit und Ganzheit stehen auf der höchsten Stufe der objektiven Wertskala, denn ihre Symbole lassen sich von der imago dei nicht mehr unterscheiden. Alle Aussagen über das Gottesbild gelten ohne weiteres für die empirischen Symbole der Ganzheit.[8]

Jeder Kenner des Werkes von Hermann Hesse weiß, dass der Dichter in praktisch allen seinen Erzählungen seit dem „Demian" Jungs These über die Identität von Gotteserfahrung und Selbst-Erfahrung in immer neuen Gleichnissen beschrieben und beschworen hat. Hesse hat darauf auch explizit hingewiesen. So schreibt er in einer Rezension von Keyserlings „Reisetagebuch eines Philosophen" im November 1920:

> Seit vier Jahren habe ich [...] als Dichter keinen anderen Gedanken, keinen anderen Glauben so stark und vielfach in mir bewegt und vielfältig auszudrücken gesucht wie den vom Gott im Ich und dem Ideal der Selbstverwirklichung.[9]

Der zeitliche Hinweis „seit vier Jahren" verweist auf die in diesem Zusammenhang grundlegende Bedeutung der Psychotherapie bei dem Jung-Schüler J. B. Lang in den Jahren 1916/1917, von der im Folgenden berichtet wird.

Mit der Bewusstwerdung des Selbst ist jedoch der Individuationsprozess nach Jung noch keineswegs abgeschlossen. Nach der Assimilation eines Archetypus muss jedes Mal eine kritische Sonderung zwischen diesem und dem Ich-Bewusstsein stattfinden; sonst würde das Individuum psychisch erkranken. Dies gilt namentlich nach der Manifestation des Selbst. Findet keine kritische Abgrenzung zwischen Ich und Selbst statt, so kommt es zu einer Überschwemmung des Ich mit Inhalten aus dem Unbewussten, d. h. tendenziell zur Psychose. Jung schreibt:

Ich möchte nur erwähnen, dass, je mehr und je bedeutungsvollere Inhalte des Unbewußten dem Ich assimiliert werden, sich letzteres desto mehr dem Selbst annähert, auch wenn diese Annäherung nur unendlich sein kann. Daraus entsteht unweigerlich eine Inflation des Ich, wenn nicht eine kritische Sonderung zwischen diesem und den unbewußten Figuren stattfindet. [...] Es ist als eine psychische Katastrophe zu werten, wenn das Ich vom Selbst assimiliert wird.[10]

Das Ringen um ein adäquates Verhältnis von Ich und Selbst ist, wie in diesem Band gezeigt werden soll, ein zentrales Problem im Leben der Heiligen und auch bei Hermann Hesse gewesen. Nur mit Hilfe von Jungs Tiefenpsychologie kann es zureichend verstanden werden.

2. Wie Hermann Hesse zur Tiefenpsychologie C. G. Jungs Zugang fand

Während des ersten Weltkrieges, also zur selben Zeit wie C. G. Jung, geriet Hermann Hesse in eine schwere Krise. Sie stellte eine Bedrohung sowohl für seine bürgerliche Existenz als auch für sein weiteres literarisches Schaffen dar. Hesse suchte Hilfe bei dem Psychoanalytiker Dr. Josef Bernhard Lang, einem Schüler von Jung. Durch Lang wurde er in die Tiefenpsychologie Jungs eingeführt.

Hesses Nervenzusammenbruch hat eine lange Vorgeschichte. Sie reicht bis in die Kindheit des Dichters zurück. Hesse entstammte bekanntlich einem pietistischen Elternhaus mit äußerst engen und strengen Auffassungen. Er fühlte sich sehr früh unterdrückt und verstrickte sich in immer neue Konflikte mit seinen Eltern. Er wurde von ihnen ins Maulbronner Schülerseminar gebracht, dessen Absolvierung den Auftakt zu einer pietistischen Pfarrerlaufbahn bilden sollte. Hesse vermochte es nicht, sich den Regeln des Seminars zu fügen und riss aus. Seine Eltern erwirkten seine vorübergehende Einweisung in eine Nervenheilanstalt.

Seine Jugenderlebnisse verursachten bei Hesse – wie übrigens auch bei Hölderlin, Nietzsche und Jung selbst – eine Traumatisierung, die ihn zu Neurosen prädisponierte. Der Erfolg des „Peter Camenzind" und die Gründung einer eigenen Familie brachten keine dauernde Besserung. Hesse wohnte zwar in einem schönen Haus am Bodensee, doch musste es sich als eine weitere Belastung für ihn auswirken, dass seine Frau zu Depressionen neigte.

Die religiöse Prägung durch das Elternhaus verhindert, dass Hesse der gewonnenen bürgerlichen Behaglichkeit Geschmack abgewinnt. Etwas in ihm setzt sich gegen das Wohlleben zur Wehr. Er hat schon 1907 in der buddhistischen Askese Zuflucht gesucht; er verbringt vier Wochen bei einer alternativen Vegetarierkolonie auf dem Monte Verità. Auch häufige Italienreisen bringen keine Entspannung. Zum erstenmal im Sommer 1909 sucht Hesse einen Psychotherapeuten, Prof. Dr. med.

Fraenkel, in Badenweiler auf. Fraenkel ist kein Psychoanalytiker. Die mehrwöchige Therapie greift nicht in die Tiefe und führt zu keiner Heilung.

Zwei Jahre später – im Jahre 1911 – unternimmt Hesse eine mehrmonatige Indienreise. Als Begründung dafür hat er selbst den Versuch angegeben, seiner glücklosen Ehe zu entfliehen.[11] Dass Indien sein Reiseziel war, verweist erneut auf die Prägung durch das Elternhaus. Die Verbindung zu Indien war in dieser Familie von Missionaren Tradition, ebenso die Vertrautheit mit der indischen Lebensweise und den indischen Anschauungen.

Erneut begibt sich Hesse im August 1912 zu Fraenkel in Behandlung. Im Mittelpunkt stehen auch diesmal die mit seiner Ehe zusammenhängenden Probleme. Hinzu kommen aber die sich mehrenden Zweifel am Wert seiner bisherigen literarischen Arbeit. Der Roman „Roßhalde" (1914), der Hesses Eheprobleme künstlerisch gestaltet, setzt gleichzeitig einen – vorläufigen – Schlusspunkt: Hesse fühlt sich wie gelähmt und außerstande, seine literarische Arbeit fortzuführen.

Der Ausbruch des ersten Weltkrieges trifft Hesse unvorbereitet; seine privaten und künstlerischen Schwierigkeiten hatten ihn voll in Anspruch genommen. Er hält es aber – wieder eine Folge der im Elternhaus erhaltenen Erziehung – für seine Pflicht, etwas zur Linderung der durch den Krieg verursachten Leiden zu tun, und widmet sich der Kriegsgefangenenfürsorge. Damit bürdet er sich aber eine bei seinem Zustand übermäßig schwere Belastung auf. Der Tod seines Vaters im Frühjahr 1916 kommt noch hinzu. Hesse bricht zusammen und wird in das Kurhaus Sonnmatt bei Luzern eingewiesen. Dort behandelt ihn Dr. Lang, wie oben erwähnt, ein Tiefenpsychologe und Schüler C. G. Jungs.

Es kam zu 12 Sitzungen von je drei Stunden. Hesse erkannte offenbar, dass die Behandlung sich äußerst positiv auswirkte. Denn er beschloss daraufhin, für etwa 60 weitere Sitzungen bis November 1917 einmal wöchentlich von seinem Wohnsitz Bern nach Luzern zu Dr. Lang ins Kurhaus Sonnmatt zu fahren. Hesses Briefe aus der damaligen

Zeit zeigen deutlich das Ausmaß an innerer Verwirrung, in dem er sich befand. Jung hält diesen Zustand für ein Symptom des beginnenden Individuationsprozesses. In diesem Sinne äußert sich Hesse selbst etwa in einem Brief an Walter Schädelin vom 7. Mai 1916:

> Sicher ist mir nur, dass ich, mit der Gründlichkeit einer Psychose auf mich selbst zurückverwiesen, durch diesen engen und höllischen Tunnel nicht werde kriechen können, ohne verändert und durchgeknetet drüben herauszukommen.[12]

Ein weiterer Brief an Schädelin vom 18. Mai verdeutlicht den unauflöslichen Zusammenhang dieser „Psychose" mit der Suche nach einer geistigen Neuorientierung:

> Was für neue Zeichen und Werte sich finden werden, weiß ich nicht. Ich weiß bloß, die bisherigen wärmen und sättigen mich nimmer, ich stehe hungernd von den üppigsten Tafeln auf. Und ich fange das Leben und Tun und Schaffen nicht wieder an, ehe ich die neuen Ziele deutlicher sehen kann. Sie stehen noch auf fernen Bergen in lauter Wolken, aber sie sind da, und es besteht ein Magnetismus zwischen ihnen und mir.[13]

Diese „neuen Zeichen und Werte", von denen Hesse hier spricht, werden im Verlauf der Analyse tatsächlich gefunden und anschließend im „Demian" formuliert. Ein letzter Brief an Schädelin vom 21. Mai nimmt den bevorstehenden literarischen Wandel mit seiner charakteristischen engen Verbindung von Leben und Schreiben vorweg:

> Meine Bücher mögen sein, wie sie wollen, es ist jetzt nicht wichtig. Aber wenn sie auch alle guten Erkenntnisse der Welt enthielten, so bliebe doch das bestehen, dass Schreiben nicht Leben ist und dass man edle Psalmen dichten, dabei aber ein höchst ungerechter Kammacher sein kann. Ich habe als Dichter Kelche geleert und Pillen gefressen, um die ich mich als Herr Hesse gedrückt habe. Daraus einen Weg zu finden, der Krämpfe löst

und weiter führt, das ist's. Die Askese, die mir vor 10 Jahren einige Dienste
tat, ist nicht mehr was mir dient, es muss schon synthetischer und erlö-
sender zugehen. [14]

Das erste Zeugnis dieses „synthetischeren und erlösenderen Weges" und
damit des Einflusses von C. G. Jung auf Hesses Werk ist das Märchen
„Der schwere Weg."[15] Es entstand im April 1916 noch während der
stationären Behandlung und stellt in allegorisch-symbolischer Form
Hesses psychotherapeutische Erfahrungen dar. Die Psychotherapie wird
gleichgesetzt mit einer schwierigen Bergtour, bei der man alles Lieb-
gewonnene zurücklassen muss, um zusammen mit einem Führer den
Berg zu erklimmen und sich vom Gipfel aus ins Bodenlose zu stürzen.
Hesse gibt damit zu verstehen, dass Selbstbefreiung und Autonomie das
Ziel der Analyse sind.

In der Sammlung „Eine Traumfolge" (1916)[16] wird die neuerlernte
Technik der psychologischen Selbstanalyse und Selbstdarstellung fort-
geführt. Im „Demian" hat sie Hesse dann mit der exemplarischen
Darstellung eines Individuationsprozesses nach C. G. Jung ausgeweitet
und überhöht.

Im Jahre 1916 wird Hesse von Dr. Lang, seinem Therapeuten,
C. G. Jung persönlich vorgestellt. Er liest dessen damaliges Hauptwerk,
„Wandlungen und Symbole der Libido" (heute: „Symbole der Wand-
lung"), das den „Demian" stark beeinflusst. Noch Jahre später, am 30.
Juli 1925, bezeichnet er in einem Brief an Hugo Ball dieses Werk als
„die wichtigste Arbeit" von Jung. Später, in einer 1931 geschriebenen
Rezension von C. G. Jungs Aufsatz „Wirklichkeit der Seele", billigt er
ihm sogar das Prädikat „genial" zu.[17]

Mit hoher Wahrscheinlichkeit führte Dr. Lang den Dichter auch in
Jungs „Septem Sermones ad Mortuos" ein, die im selben Jahr 1916 als
Privatdruck erschienen. Er gab sie ihm zu lesen oder vermittelte ihm
zumindest die darin enthaltenen Gedanken über die Gottheit Abraxas.
Im „Demian" spielt diese Gottheit eine zentrale Rolle.

Als der „Demian" erschien, erkannte C. G. Jung selbst, dass er auf
seine Entstehung einen starken Einfluss ausgeübt hatte. Dies bezeugt
sein vielzitierter erster Brief an den Dichter vom 3. Dezember 1919:

> Ich muss Ihnen wirklich herzlich danken für Ihr ebenso meisterhaftes wie
> wahrhaftes Buch: Demian. Es ist zwar sehr unbescheiden und aufdringlich
> von mir, dass ich Ihr Pseudonym durchbreche, aber ich hatte, als ich das
> Buch las, das Gefühl, es müsse irgendwie über Luzern gegangen sein. [...]
> Ihr Buch ist zu mir gekommen, als sich mir die Verdunkelung und hilflose
> Verbohrtheit des Menschen von heute wieder einmal so aufdrängte wie der
> kleine Knauer dem Sinclair. Ihr Buch wirkte daher auf mich wie das Licht
> eines Leuchtturms in einer Sturmnacht.[18]

Nach der anderthalbjährigen Behandlung bei Dr. Lang und der Nieder-
schrift des „Demian" trennt Hesse sich im Frühjahr 1919 von seiner
Familie; er siedelt nach Montagnola über, einer Ortschaft am Luganer
See. Dort beginnt er ein neues Leben.

Verarmt, vereinsamt und verzweifelt, aber seine Leiden mit einer
fieberhaften Arbeitswut bekämpfend, schreibt Hesse seine großen
expressionistischen Novellen „Klein und Wanger" und „Klingsors
letzter Sommer".

Schon im darauffolgenden Winter jedoch muss der Dichter erleben,
dass sein Schaffen wieder ins Stocken gerät. Er bricht die indische Erzählung „Siddhartha" auf halber Strecke ab und legt sie ohne Abschluss
beiseite. Über ein Jahr dauert sein Unvermögen, sich kreativ zu betä-
tigen. Da erhält er eine Einladung zu einer Vorlesung in C. G. Jungs
„Psychologischem Klub". Er folgt der Einladung und nimmt sie zum
Anlass, den Meister selbst um eine Analyse zu bitten.

Jung willigt ein. So werden im Frühjahr und Sommer des Jahres 1921
für psychoanalytische Gespräche drei Sequenzen in Jungs Küsnachter
Wohnung vereinbart: vom 19. zum 24. Februar; von 19. zum 25. Mai
und vom 17. Juni zum 2. Juli. [19] Diese Gespräche bilden den Rahmen,

in dem die sicherlich stärkste persönliche Annäherung zwischen Hesse und Jung stattfindet.

Unmittelbare Zeugnisse über die Ergebnisse der ersten Gesprächssequenz vom Februar 1921 sind nicht überliefert. Am 23. März 1921 aber, also etwa vier Wochen danach, schreibt Hesse an seine künftige Schwiegermutter, die Schriftstellerin Lisa Wenger, eine Schweizerin:

> Als menschliches Ideal erscheint mir nicht irgendeine Tugend oder irgendein bestimmter Glaube, sondern als Höchstes, wonach Menschen streben können, erscheint mir die möglichste Harmonie in der Seele des einzelnen. Wer diese Harmonie hat, der hat das gleiche, was die Psychoanalyse etwa freie Verfügbarkeit der Libido heißen würde, und wovon das Neue Testament sagt „Alles ist Euer." [20]

Gemeint ist jenes Ganzheits- und Harmonieideal, das Hesse genau ein Jahr später als das Ziel von Siddharthas Individuationsprozess bezeichnen wird. Sein Brief an Lisa Wenger legt die Annahme nahe, dass seine Gespräche mit Jung ihm zu dieser Einsicht verholfen haben.

Offenbar brachte jedoch die erste Gesprächswoche noch keinen Durchbruch. Ein zweiter Brief an Lisa Wenger, den Hesse am 2. Mai 1921 unmittelbar vor der zweiten Gesprächssequenz schreibt, klingt verzweifelt:

> Morgen fahre ich nach [...] Zürich, wo ich dann eine Weile wegen Jung bleibe. Ich hoffe nur, er habe dann etwas Zeit für mich. Über die Kosten der Analyse habe ich noch nicht nachgedacht, ich hoffe eigentlich, dass Jung nichts von mir nimmt oder dass dann jemand in Zürich mir hilft. Ein Stück Analyse und Auflockerung brauche ich, da mein Leben so wie jetzt nimmer lang zu ertragen wäre, die Lähmung durch den vollkommenen Unglauben an den Wert unserer ganzen Literatur ist für mich zu groß, und für stille angenehme Stunden habe ich wohl das Malen, das hilft mir leben, aber hilft mir nicht mein Leben rechtfertigen, weder geistig noch materiell.[21]

Ob Jung von dem in apostolischer Armut lebenden Dichter ein Honorar verlangte, ist nicht überliefert. Jedenfalls kamen die Gespräche zustande. Aus Hesses Briefen geht hervor, dass es bei der ersten wie auch bei den nachfolgenden Gesprächsrunden vor allem um die Scheidung von seiner ersten Frau ging. Die Analyse scheint zwar schwierig und tief erschütternd, dafür aber fruchtbar gewesen zu sein. Hesse zeigt sich beeindruckt von der „Genialität" Jungs. Er schreibt nach der ersten Sequenz am 2. Mai 1921 in einem Brief an Volkmar Andrea:

[...] das Problem meines Lebens und meiner Ehe, wo ich zwischen seelischen Notwendigkeiten und materiellen Hindernissen noch immer den Weg nicht finde, ist gerade in diesen Tagen mir durch Besprechungen mit Dr. Jung wieder ganz brennend geworden.[22]

In einem Brief an Hans Reinhart schreibt Hesse während der zweiten Gesprächssequenz:

Bei Jung erlebe ich zur Zeit, in einer schweren und oft kaum ertragbaren Lebenslage stehend, die Erschütterung der Analyse. Es geht bis aufs Blut und tut weh. Aber es fördert, [...] Ich kann nur sagen, dass Dr. Jung meine Analyse mit außerordentlicher Sicherheit, ja Genialität führt.[23]

Nach der Analyse berichtet Hesse, immer noch im Mai 1921, an Hans Reinhart:

Die Psychoanalyse bei Jung hätte ich gern länger fortgesetzt, er ist, als Intellekt wie als Charakter, ein prachtvoller, lebendiger, genialer Mensch. Ich verdanke ihm viel und freue mich, dass ich eine Weile bei ihm sein konnte.[24]

Aufgrund eines brieflichen Hinweises von C. G. Jung liest und rezensiert Hesse das Werk „Das Dionysische Geheimnis" von O.A.H. Schmitz. Ihn interessiert an diesem Text vor allem der

Zusammenhang mit dem Denken Jungs und mit dem eigenen Leben und Werk:

> Es ist die Geschichte eines Geistigen, der während der Kriegsjahre eine Neurose erleidet [...] Und die Wege, die diesen Kranken zur Heilung führen, sind eben jene, auf welchen die erkrankte Geistigkeit unserer Welt schon lange suchend geht: Asiatische Philosophie und Psychoanalyse, aus deren Zusammenklang sich die Sehnsucht nach einer Synthese aus östlicher Entselbstungslehre und abendländischer Aktivität ergibt. [...] Auf dem Wege indischer Denkübungen wird zwar die buddhistische Einsicht in die Wesenlosigkeit des Ich erreicht, nicht aber der buddhistische Erlösungswille, sondern ein Darüberstehen, das zum Leben Ja sagt und nicht Nirvana, sondern Dauer wünscht. Wie sehr dieser Gedanke unserer Zeit angehört, wurde mir klar, als ich plötzlich bemerkte, dass die hier geschilderte Synthese nichts anderes ist als der Kerngedanke einer indischen Dichtung, an der ich selbst seit anderthalb Jahren arbeite. Auch rein persönlich erlebte und formulierte Stücke meines Demian werden durch Schmitz auffallend bestätigt.[25]

Diese Synthese von aisatischer Religiosität und Psychoanalyse bei gleichzeitiger Ablehnung der buddhistischen Weltfeindlichkeit ist der entscheidende Punkt, der Hesse im Gedankengebäude C. G. Jungs interessiert; er hat ihn in seinem Werk seit der Begegnung mit Jungs Psychologie immer wieder gestaltet. Wie er hervorhebt, liegt diese Synthese auch seinem „Siddhartha" zugrunde, der zu diesem Zeitpunkt schon eineinhalb Jahre auf Eis liegt. Im Frühjahr 1922 wird Hesse diesen Gedanken wieder aufnehmen, als er das Werk vollendet.

Die dritte Gesprächssequenz bei Jung scheint Hesse aus seiner Lethargie und Verzweiflung gerissen und in ihm neuen Lebensmut geweckt zu haben:

Ich brachte von Zürich den Entschluss mit, um jeden Preis nun Ordnung in mein äußeres Leben zu bringen. Ich begann damit, meiner Frau neue Vorschläge und Angebote für die Scheidung zu machen,

schreibt Hesse am 4. August 1921 an Georg Reinhart.[26] Dass Jungs Einfluss jedoch weit über diese persönlichen Angelegenheiten hinausging, zeigt die Rezension von Jungs Werk „Psychologische Typen". Sie erschien einige Wochen später, am 28. August 1921, in der „Vossischen Zeitung". Hesse zeigt sich fasziniert von den praktischen und geistesgeschichtlichen Dimensionen, die er in Jungs Denken erblickt:

Das Werk Jungs ist aber nicht nur ein wichtiger Schritt in der Geschichte einer werdenden Wissenschaft, es ist auch von hohem menschlich-praktischem Wert. Es lehrt und zeigt nicht nur neue Einblicke und Verstehensmöglichkeiten im Reich der Geschichte, der Religionen und Kulturen, indem es die Welt psychologisch betrachtet, es lehrt auch ungeheuer viel für das praktische Leben.[27]

Diese Äußerungen zeigen, dass Joseph Milecks These über ein Zerwürfnis zwischen Hesse und Jung bei der Analyse von 1921 unrichtig ist.[28] Hesses Äußerungen vor, während und nach der psychotherapeutischen Behandlung zeigen, dass er Jung uneingeschränkte Bewunderung entgegenbrachte. Er äußert sich geradezu begeistert von der Lebendigkeit und Genialität, die Jung als Menschen und Forscher auszeichnen. Hugo Ball gegenüber, der die Psychoanalyse nach seiner Konversion zum Katholizismus ablehnte und ihm das Beten zur Jungfrau Maria empfahl, verwies Hesse im Mai 1921 erneut auf die entscheidende Bedeutung, welche die Analyse für ihn erlangt hatte; zugleich betonte er, dass er die Tiefenpsychologie nicht für unvereinbar mit einer religiösen Grundhaltung halte:

Über die Psychoanalyse möchte ich mich auf keine Diskussionen einlassen. Die Stütze, auf die ein Mensch sich in besonders schwieriger Zeit stützt, kann für ihn nicht Gegenstand von Diskussionen sein. [...] Für mich ist inzwischen die Analyse ein Feuer geworden, durch das ich nun gehen muss, und das sehr weh tut. [...] Und so kann auch die heutige Psycho-analyse [...] im Grunde kaum ein anderes Ziel haben als die Schaffung des Raumes in uns, in dem wir Gottes Stimme hören können.[29]

Die zitierten Aussagen Hesses zeigen, dass Jungs Psychologie ihn geradezu faszinierte. Als ungemein fruchtbar erwies sich für ihn die Verbindung von Psychologie und Religion. Sie ermöglichte ihm eine synoptische Betrachtung der beiden Erkenntnisbereiche, denen er eine zentrale Bedeutung beimaß. Jungs Psychologie – das begriff er schon während der psychoanalytischen Behandlung bei Lang – ebnete ihm den Zugang zu einer psychologischen Deutung des Gotteserlebnisses auf dem archetypischen, von seiner inneren Erfahrung bestätigten Weg. Gottes Stimme meinte er im Erlebnis jener Einheit, Ganzheit und Universalität der Seele zu vernehmen, die Jung als die Erfahrung des Selbst bezeichnete.

Nach dieser äußerst wichtigen Phase der persönlichen Begegnung Hesses mit Jung und der Beschäftigung mit Jungs Theorien tritt Dr. Lang wieder in die Rolle des psychologischen Beraters. Die Gründe für diesen neuerlichen Wechsel sind anhand der vorliegenden Dokumente nicht eindeutig bestimmbar. Dass es keine persönliche Aversion gegen Jung gab, beweisen die oben aufgeführten Briefe und das nachfolgende Geschehen.

Möglich ist eher, dass im Verlauf der Küsnachter Gespräche bei Hesse jene Enttäuschung über den mangelnden Kunstsinn Jungs und im allgemeinen der Analytiker einsetzte, der er allerdings erst später Ausdruck gab. Darüber hinaus ist leicht vorstellbar, dass sich zu dem problematischen, vereinsamten und zunehmend selbst auf Hilfe ange-wiesenen Lang eine gewisse Freundschaft entwickeln konnte; zu dem genialischen und distanzierten Jung ließ sich ein solches Verhältnis nicht herbeiführen. Eine psychologische Beratung in den unverfäng-lichen Formen eines freundschaftlichen Verkehrs dürfte ohnehin angenehmer gewesen sein als in der tendenziell peinlichen, zudem auch kostspieligen Weise einer regelrechten psychotherapeutischen Behandlung. Hesse wendet sich an Lang. Freundschaft entsteht.

3. Die Freundschaft mit J. B. Lang

Parallel zur Niederschrift des „Steppenwolf" führt Hermann Hesse vom Dezember 1925 bis März 1926 analytische Gespräche in freundschaftlichem Rahmen mit J. B. Lang, der nun in Zürich wohnt. Hesses Briefe aus der Zeit zeigen die Bedeutung auf, die Lang für ihn persönlich und für sein dichterisches Schaffen erlangt hat. So schreibt er am 25. Dezember 1925 an seine Schwester Adele:

> [...] abends bin ich oft mit meinem Freund Dr. Lang (einst in Luzern) zusammen.[30]

Am 17. Februar 1926 berichtet er Emmy und Hugo Ball:

> Ich sehe selten Menschen, außer meinen alten Freund Dr. Lang [...] mit dem bin ich viel zusammen.[31]

Alice Leuthold gegenüber weist er im März 1926 auf den therapeutischen Charakter seiner Gespräche mit Lang hin:

> Ich möchte gerne noch länger in Zürich bleiben, ich beginne, mit J. B. Lang Fortschritte zu machen.[32]

Das Ergebnis zeigt der folgende Auszug aus einem Brief vom 7. Januar 1927 an Carlo Isenberg:

> [...] ich lebe, soweit ich überhaupt lebe, in aktueller, lebendiger Romantik und Magie, und schwimme wieder viel in der farbigen Tiefsee völlig außernormaler, phantastischer Träume und Vorstellungswelten. Es ist für mich der einzige Weg, das Leben unter den jetzigen Umständen ertragen zu können, und da ich hier einen Freund habe (den Pistorius des Demian), mit dem ich diese Wege gehe, hat diese böse Zeit (ich war und bin mona-

telang beständig dicht am Selbstmord gewesen) doch auch ihre Größe und Schönheit.[33]

Es wird die schwerste Krise in Hesses Leben gewesen sein. Lang ist Hesse nicht nur ein Freund und therapeutischer Berater; er wird eine seiner wichtigsten Bezugspersonen. Sein Einfluss auf die Gestaltung des „Steppenwolf" ist von daher kaum zu überschätzen. Man kann sich zum Beispiel leicht vorstellen, dass die „farbigen Tiefseeträume" auf die Entstehung des „Magischen Theaters" verweisen.

Die Relevanz der Psychoanalyse für diesen Romanabschnitt geht auch daraus hervor, dass Hesse ihn nach dem Abschluss des Werkes, am 20.2.1927, in Jungs „Psychologischem Klub" in Zürich liest.

Den Einfluss der Lehre C. G. Jungs auf den „Steppenwolf" hat Hesse übrigens in einem Gespräch mit dem chilenischen Schriftsteller und Diplomaten Miguel Serrano anerkannt. In einem Buch über seine persönlichen Erfahrungen mit Hesse und Jung gibt Serrano folgende Erklärung von Hermann Hesse zu C. G. Jung wieder:

Für mich ist er ein gigantischer Berg, ein außerordentliches Genie. [...] Wenn Sie ihn das nächstemal besuchen, sagen sie ihm, der Steppenwolf lasse grüßen."[34]

Hesse hatte im Januar 1927 die Arbeit am „Steppenwolf" beendet. Die enge, zeitweilig nahezu symbiotische Beziehung zu Lang lockerte sich dann. Im selben Jahr 1927 lernte Hesse seine dritte (und letzte) Frau, Ninon, kennen; er begründete mit ihr eine Lebensgemeinschaft, die 1931 zu einer neuen Eheschließung führte.

Lang starb im Jahre 1945. Bis zu seinem Tode dauerte die persönliche Freundschaft an. Sie wurde aber nur noch durch gelegentliche Besuche Langs bei Hesse bekräftigt. Psychotherapeutische Maßnahmen scheinen bei diesen Begegnungen keine Rolle gespielt zu haben.

Es gibt sogar Hinweise dafür, dass das therapeutische Gefälle sich mit den Jahren umkehrte; der Dichter gab seinem einstigen Therapeuten einiges von der Hilfe zurück, die er einmal von ihm erhalten hatte.

Anfang 1940 stand Hesse in einem Gerichtsverfahren Lang zur Seite – es ging um einen Schwangerschaftsabbruch. Nicht zuletzt seinem Eintreten hatte Lang den Freispruch zu verdanken.[35]

Nach Langs Tod erläuterte Hesse in einem Brief an Pfarrer W. Fink die pathologischen Aspekte von Langs Persönlichkeit. Er machte bei dieser Gelegenheit deutlich, welche innere Überlegenheit er mit den Jahren seinem einstigen Therapeuten gegenüber gewonnen hatte:

[...] dieser Mann, von Priestern in Einsiedeln bei ungenügender Kost streng katholisch-pfäffisch erzogen, hat zeitlebens in zwei infantilen Formen das damals empfangene Stigma bewahrt: er ist physisch immer hungrig geblieben und nie recht satt geworden, konnte zu Zeiten nachts aufstehen und pfundweise Zucker oder Brot essen etc. Und zweitens behielt er zeitlebens die trotzige Pose des Gottlosen und Empörers, und hat noch im Alter ein recht gelehrtes Buch gegen seinen persönlichen Feind Jahwe geschrieben.[36]

4. Erster Versuch einer Bilanz

Hesses Beziehung zu C. G. Jung pendelte sich nach der abgebrochenen Behandlung von 1921 auf jene distanzierte Freundschaftlichkeit ein, die berühmte Männer pflegen, wenn sie es nicht vorziehen, einander einfach zu ignorieren. Auch der Briefwechsel zwischen Hermann Hesse und Thomas Mann ist von dieser Art: Man schickt einander sein neuestes Werk mit einer höflichen Widmung, man erinnert gelegentlich an frühere Zeiten und sendet zu den großen Geburtstagen einen Glückwunsch.

Die Korrespondenz zwischen Hesse und Jung ist nach 1921 niemals „ins Therapeutische abgeglitten", wie der Psychoanalytiker Cremerius behauptet.[37] Für eine solche Vermutung lässt sich nirgendwo der geringste Anhaltspunkt finden. Im folgenden Jahrzehnt zog der Dichter in das Haus, das sein Mäzen, Bodmer, ihm 1931 in Montagnola auf Lebzeiten zur Verfügung stellte. Er hatte genügend Rückhalt und auch psychologische Schulung, um etwaige Krisensituationen ohne therapeutische Beratung selbst zu meistern.

Nur einmal – im Jahre 1934 – fand eine ernsthafte Auseinandersetzung zwischen Hesse und Jung statt, wenngleich nur in Briefform. Sie begann damit, dass Hesse in der „Neuen Rundschau" eine Rezension von Jungs „Wirklichkeit der Seele" erscheinen ließ. Hesse schrieb, wie sonst auch, grundsätzlich positiv und anerkennend. Er monierte aber doch in vorsichtiger Form die gelegentlich recht esoterische Sprache Jungs („Der Tonfall ist vielleicht ein klein wenig professoraler geworden..."). Am Ende übte er Kritik an Jungs Ablehnung des freudschen Sublimierungsbegriffs:

In einem Aufsatz über Freud macht sich C. G. Jung gelegentlich über den von Freud formulierten Begriff der „Sublimierung" lustig. Für uns Nicht-Psychologen, welchen die Ehrfurcht nichts Belachenswertes ist, gibt es in der ganzen Geschichte der Menschheit nichts Interessanteres, ja überhaupt nichts anderes, was wichtig wäre, als gerade den Vorgang der Sublimierung. Dass der Mensch unter Umständen dazu fähig ist, seine Triebe in den Dienst überegoistischer, geistiger, religiöser, kultureller Ziele zu stellen, dass es Hingabe an den Geist, dass es Heilige und Märtyrer gibt, das ist für uns das einzige Tröstliche und Positive in der Weltgeschichte, und es ist das einzige, was von der Geschichte übrigbleibt. Dass Sublimierung nicht, wie Jung aus Ranküne gegen Freud spottet, ein leeres Wort ohne Sinn, sondern vielmehr als Möglichkeit, als Ideal, als Forderung vorhanden, wirksam und unserer größten Ehrfurcht würdig ist, davon erzählt seit Urzeiten jeder Mythos, jede Sage, jede Legende und jede Geschichte.[38]

Damit hatte Hesse einen zentralen und keineswegs beliebigen Punkt der Lehre Jungs in Frage gestellt. Jung war getroffen. In einem Brief vom 18. September 1934 entgegnete er Hesse:

Dass Sie mich für professoral geworden halten, hat mich sehr amüsiert. Es ist mir also gelungen, sogar Ihren Späherblick zu täuschen. [...] Man muss eine gute Exoterik haben dans ce meilleur des mondes possibles [...] Die Perlen müssen vor den Säuen bewahrt werden. Mit der Bemerkung über die Sublimierung tun Sie mir unrecht. Es ist nicht aus Ressentiment, dass ich diesen Begriff bekämpfe, sondern aus der massenhaften Erfahrung von Patienten (wie auch Ärzten), die jedesmal an der Schwierigkeit auskneifen und „sublimieren", d. h. einfach verdrängen. Sublimatio gehört zur königlichen Kunst, wie das wahre Gold gemacht wird. [...] Es ist keine gewollte und gewaltsame Überführung eines Triebes in ein uneigentliches Anwendungsgebiet, sondern eine alchymische Wandlung, zu der das Feuer und die schwarze materia prima nötig sind. Sublimatio ist ein großes Geheimnis. Freud hat sich dieses Begriffes bemächtigt und ihn für die Willenssphäre und das bürgerliche, rationalistische Ethos usurpiert. Anathema sit.[39]

Der Gegensatz zu Freud ist klar ausgesprochen: Geistige Weiterentwicklung – wirkliche „sublimatio" – ergibt sich für Jung nicht aus der

Umwandlung von sexuellen Primärtrieben, sondern aus jenem psychischen Vorgang, den er als „Individuationsprozess" bezeichnet.

Jung fügt hinzu, dass Sexualität und andere Triebe keineswegs unterdrückt oder ins Geistige transformiert werden sollen; vielmehr muss man sie in die bewusste psychische Ganzheit integrieren.

Hesses Antwort an Jung macht deutlich, dass er den freudschen Sublimierungs- und Kunstbegriff unreflektiert gegen Jung vertritt und damit nicht streng genug zwischen diesen beiden Varianten der Tiefenpsychologie unterscheidet:

> [...] ich teile und billige Ihre Auffassung der Freudschen Sublimierung, ich habe auch nicht Freuds Sublimierung gegen Sie verteidigt, sondern den Begriff an sich, er ist für mich ein wichtiger Begriff in der ganzen Kulturfrage. [...] Ich halte z.B. die Geschichte der klassischen Musik für die Geschichte einer Ausdrucks- und Haltungstechnik, in welcher ganze Reihen von Generationen und Meistern, fast immer ohne es irgendwie zu ahnen, Triebe auf ein Gebiet überführt haben, das dadurch, auf Grund dieser echten Opfer, zu einer Vollendung kam [...] wo ein begabter Mensch mit einem Teil seiner Triebkräfte solche Dinge fördert, finde ich seine Existenz und sein Tun von höchstem Wert, auch wenn er vielleicht als Individuum pathologisch ist [...]. [40]

Hesse will aber weiterhin, das zeigt seine Antwort, die künstlerische Produktion als Umwandlung primär andersartiger Triebe verstehen. Obwohl er es abstreitet, hält er also doch an Freuds Sublimierungs- und Kunstbegriff fest.

Während für Freud das Unbewusste primär sexueller Natur ist, beharrt Jung darauf, dass es einen eigenständigen, nicht ableitbaren „Kunsttrieb" gibt. Dieser Trieb hat seinen Ursprung in den Tiefen des kollektiven Unbewussten. Er findet Ausdruck u. a. in den archetypischen Symbolen der Mythen, Künste und Religionen.

Mit anderen Worten: Versteht Freud die Kunst als Sublimierung primär andersartiger, sexueller Triebe, so behauptet Jung eine eigene schöpferische Potenz des Unbewussten. In seiner Antwort an Hesse weist Jung auf diesen vielleicht wichtigsten und weitreichendsten Unterschied zwischen seiner und der Freudschen Lehre hin:

> [...] Immerhin möchte ich in aller Bescheidenheit anmerken, dass der Ausdruck „Sublimierung" im Falle des Künstlers wohl insofern nicht angebracht ist, als es sich bei ihm ja nicht um eine Verwandlung eines primären Triebes handelt, sondern vielmehr um die Tatsache, dass ein primärer Trieb (Kunsttrieb) die Gesamtpersönlichkeit dermaßen ergreift, dass alle anderen Triebe untergehen, woraus dann ja eben das göttlich Vollendete entsteht.[41]

Eine Antwort Hesses auf Jungs Replik ist nicht überliefert. Offenbar wollte er die Kontroverse nicht weiterführen. Im Grunde genommen neigte er eher der Auffassung Jungs zu. Zu dieser Vermutung berechtigen seine vehementen Ausführungen gegen das von Freuds Theorie beeinflusste Verständnis von Literaturwissenschaft. Er veröffentlichte diese scharfe Attacke auf die „psychoanalytische Literaturwissenschaft" im Jahre 1930 unter dem Titel „Die Psychologie der Halbgebildeten". In seinem Aufsatz steht u.a.:

> Man untersucht an Hand seiner Dichtungen die Komplexe und Lieblingsvorstellungen eines Dichters und stellt fest, dass er zu dieser oder jener Klasse von Neurotikern gehöre, man erklärt ein Meisterwerk, indem man es aus derselben Ursache herleitet wie die Platzangst des Herrn Müller und die nervösen Magenstörungen der Frau Maier. Man lenkt systematisch und mit einer gewissen Rachsucht (der Rachsucht des Unbegnadeten dem Geist gegenüber) die Aufmerksamkeit von den Werken der Dichtung ab, degradiert die Dichtungen zu Symptomen seelischer Zustände [...] und das ganze scheint aus keiner anderen Absicht unternommen, als aus dem Bestreben, aufzuzeigen, wie auch Goethe und Hölderlin bloß Menschen gewesen [...] Es ergäbe ein schnurriges Resultat, wenn ein geschickter Literat diese scheinanalytischen Dichterdeutungen selbst wieder einer

Analyse unterzöge und die sehr einfachen Triebe aufzeigte, aus denen diese Scheinpsychologen ihren Eifer speisen.[42]

Es gibt zwei Briefe aus dem Jahre 1950, in denen Hesse und Jung, von Emanuel Maier danach befragt, ihr Verhältnis zueinander beschrieben haben. Hesse hat sich folgendermaßen dazu geäußert:

Ich habe 1916 bei einem befreundeten Arzt, der zum Teil Schüler von Jung war, eine Analyse gehabt. Danach lernte ich Jungs Jugendarbeit, die „Wandlungen der Libido" kennen, die mir Eindruck machte. Ich las auch spätere Bücher von Jung, aber nur etwa bis 1922, da die Analyse mich später nicht mehr stark interessierte. Ich habe vor Jung stets Respekt gehabt, doch von seinen Schriften nicht so starke Eindrücke gehabt wie von denen Freuds. Dass ich, im Anschluss an einen Vorleseabend, den ich als Gast von Jungs Zürcher Klub gab, auch einige analytische Sitzungen bei Jung hatte, etwa 1921, wird er Ihnen geschrieben haben. Auch dort hatte ich von ihm einen schönen Eindruck, nur begann ich damals einzusehen, dass für die Analytiker ein echtes Verhältnis zur Kunst unerreichbar ist, es fehlt allen dafür das Organ.[43]

Diese Angaben Hesses sind ohne Zweifel stark untertrieben. Vielleicht befürchtete er, von Maier als bloßer Jung-Adept abgetan zu werden. Nachweisbar ist, wie meine Recherchen im Marbacher Literaturarchiv ergeben haben, dass Hesse von C. G. Jung nicht nur „Symbole der Wandlung" (1916) und „Psychologische Typen" (1921) gelesen hat, sondern auch, wie oben bereits erwähnt, „Wirklichkeit der Seele" (1931), „Psychologie und Religion" (1940), sowie neun weitere Werke aus der Zeit nach dem zweiten Weltkrieg. Die „Gestaltungen des Unbewussten" enthalten die Widmung: „Herrn H. Hesse zur Erinnerung an alte Tage überreicht vom Verfasser und Herausgeber, August 1950"; die „Welt der Psyche" enthält die Widmung: „Herrn Hermann Hesse ein schwaches Dankeschön für seine freundliche Weihnachtsgabe. Der Verfasser. Dec. 1954". Es mag sein, dass im Laufe der Jahre das Interesse des erfolgreichen Dichters für die Psychoanalyse nachgelassen hatte. Trotzdem darf angenommen werden, dass Hesse selbst dann, als er keine Behandlung mehr benötigte, die weiteren Publikationen verfolgte.

Geradezu entgegengesetzt lautet Jungs Auskunft über sein Verhältnis zu dem weltberühmt gewordenen Dichter:

> Ich kenne Hesses Werk, und ich kenne ihn persönlich. Ich kannte den Psychiater, der ihn behandelte. Er starb vor ein paar Jahren. Durch ihn übten meine Schriften einen gewissen Einfluss auf Hesse aus (er zeigt sich in Demian, Siddhartha und im Steppenwolf). Ungefähr zu jener Zeit (1916) machte ich Hesses persönliche Bekanntschaft. Der Psychiater war J. B. Lang. Er war ein sehr merkwürdiger, aber außerordentlich gelehrter Mann, der orientalische Sprachen (Hebräisch, Arabisch und Syrisch) studiert hatte und sich vor allem für die Gedankenwelt der Gnosis interessierte. Er hat durch mich ein reiches Wissen über Gnosis erworben, das er ebenfalls an Hesse weitergab. Aus diesem Stoff schrieb er seinen Demian. Der Ursprung von Siddhartha und Steppenwolf ist verborgener. Direkt oder indirekt gingen sie – wenigstens teilweise – aus einigen meiner Gespräche mit Hesse hervor. Ich bedauere, Ihnen nicht angeben zu können, wieweit er meine Hinweise und Andeutungen bewußt aufnahm. Leider bin ich nicht in der Lage, Ihnen ausführlich Auskunft zu geben, da mein Wissen rein beruflich ist. Ich habe keinen Roman von Hesse systematisch durchgearbeitet – sicher eine interessante psychologische Untersuchung, speziell unter dem Gesichtspunkt meiner theoretischen Begriffe. Jeder, der über genügende Kenntnis meines Werks verfügt, wäre dazu imstande [...] Die Ergebnisse Ihrer Untersuchungen würden mich außerordentlich interessieren.[44]

Jung besteht also darauf, dass seine Psychologie einen unmittelbaren und prägenden Einfluss auf die Gestaltung von „Demian", „Steppenwolf" und „Siddhartha" ausgeübt habe. Dass er sich zu Recht zugute hält, in so beachtenswertem Umfang Hesse beeinflusst zu haben, wird schon jeder annehmen müssen, der Hesses autobiografischer Gestaltungsweise Rechnung trägt. Hesses Verhältnis zur Lehre Jungs lässt sich treffender kennzeichnen, wenn man der Frage nachgeht, was Hesse eigentlich von Freud gehalten hat. Dass eine gewisse Unreflektiertheit dabei im Spiele ist, wurde schon erwähnt.

An Freud schätzt und bewundert Hesse in erster Linie die unbestreitbare geistige Pionierleistung. Auch Freuds literarische und menschliche Qualitäten erkennt er an. Schon 1919 hatte Hesse in einer Rezension von Freuds Vorlesungsreihe „Über Psychoanalyse" angemerkt:

> Freuds kühle, oft witzige, überaus klare Darstellungsart ist bekannt, das Lesen seiner Schriften ist ein Genuß.[45]

In einem Aufsatz aus dem Jahre 1925 würdigt Hesse erneut das schriftstellerische Talent Sigmund Freuds:

> [...] in der allmählich groß gewordenen Literatur der Psychoanalytiker ist er, außer Jung in Zürich, eigentlich noch immer der einzige, dessen Werk auch außerhalb der Gilde durch ganz hohe menschliche, sowohl wie literarische Qualitäten überzeugt.[46]

Hesse muss sich jedoch seiner größeren geistigen Nähe zu Jung nicht in vollem Umfang bewusst gewesen sein. Man kann es daraus ersehen, dass er Jung und Freud als einander ergänzend rezipierte und ihre teilweise entgegengesetzten Standpunkte nicht eindeutig als solche erkannte. Eine Interpretation von Hesses Werk im Lichte der Lehren Freuds müßte aus mehreren Gründen ziemlich unergiebig bleiben. Gerade die wichtigsten Motive von Hesse – sein Insistieren auf der Realität des Bösen, die Suche nach Erlösung und namentlich die charakteristische Verbindung von Psychologie und Religion – ließen sich schon methodisch von Freud aus nicht adäquat erfassen.

Hesses Briefe aus den letzten Lebensjahren verdeutlichen noch einmal den großen Einfluss, den Jung auf den Dichter ausübte.

Zugleich erläutern sie jene innere Distanz näher, die Hesse am Ende seines Briefes an Emanuel Maier andeutet. So steht in einem Brief an Herbert Schulz vom April 1950:

> Die Psychoanalyse lernte ich 1916 kennen, als mein privates Leben, zusammen mit dem Druck des Krieges, etwas schwierig geworden war. Der Arzt war nicht überlegen, er war zu jung und hatte zuviel Respekt vor der Berühmtheit, aber es war ihm ernst und er wurde mir ein sehr lieber Freund, auch noch Jahrzehnte, nachdem von Analyse zwischen uns nicht mehr die Rede war.
>
> Erst sehr spät, lang nach der (vorwiegend Jungschen) Analyse, merkte ich allmählich, dass mein Freund zur Kunst gar kein Verhältnis hatte, obwohl er sehr für sie schwärmte, und mit der Zeit wurde mir klar, dass dies bei allen Psychoanalytikern der Fall war, obenan bei Jung, kein einziger von den vielen, die ich kannte, sah in der Kunst etwas anderes als eine Ausdrucksform des Unbewußten; der neurotische Traum eines beliebigen Patienten war ihnen ebenso wertvoll und weit interessanter als der ganze Goethe. Mit dieser Erkenntnis war ich erst endgültig und völlig von der analytischen Atmosphäre frei. Die Kur ist mir aber im ganzen gut bekommen, namentlich auch die Lektüre einiger Hauptwerke von Freud.[47]

Wenn sich Hesse, etwa seit Beginn der Dreißiger Jahre, von der Tiefenpsychologie freudscher und jungscher Prägung in gewissem Maße distanziert, so lassen sich dafür zusammenfassend zwei Hauptgründe anführen. Der erste ist, dass Hesse sich nun stark genug fühlt, um aus eigener Kraft zukünftige Krisen zu meistern. Der zweite ist offenbar die allmählich gewonnene Einsicht, dass den Analytikern das Verständnis abgeht, was künstlerisches Schaffen an sich ist. Dem steht der tatsächliche Einfluss der Tiefenpsychologie auf das Denken und dichterische Gestalten Hesses nicht entgegen. Der Vorwurf des mangelnden Verständnisses für das, was am Künstler die schöpferische Kraft ausmacht, richtet sich gegen die Einstellung der Tiefenpsychologen zum Schaffen des Künstlers schlechthin. Dies hat Hesse rückblickend in einem Brief vom November 1958 an Peter Seidmann bezeugt:

> Mir persönlich hat die Analyse nur genützt, und zwar die Lektüre einiger Bücher von Freud und von Jung mehr als die praktische Analyse. Später wurde mein Verhältnis zur Psychoanalyse kühler, teils weil ich viele Fälle erfolgloser, ja schädlich wirkender Analyse mit anzusehen bekam, teils aber auch, weil ich nie einem Analytiker begegnet bin, der ein echtes Verhältnis zur Kunst gehabt hätte. Alles in allem stehe ich aber nach wie vor freundlich zur Tiefenpsychologie.[48]

Wenn Hesse hier die Werke Freuds und Jungs gleichgewichtig nebeneinander stellt und ihren Einfluss höher ansetzt als die Erfahrungen aus den beschriebenen Analysesequenzen, so ist dies als authentische Selbstdeutung des Dichters durchaus ernstzunehmen. Es ist aber deutlich geworden, dass der Dichter sich über bestimmte unterschiedliche Positionen von Freud und Jung nicht im klaren war und so den größeren Einfluss von Jung auf sein Denken gar nicht zu realisieren vermochte.

Abschließend stellt sich deshalb die Frage, wieso Jungs Gedanken für Hesse derart wichtig werden konnten, dass sich ihre Spuren von „Demian" bis zum „Glasperlenspiel" verfolgen lassen. Dafür lassen sich drei allgemeine Gründe anführen:

1. Der biografische Aspekt: Beide, Hesse und Jung, kommen aus entschieden religiösen Familien. Hesse war Missionars-, Jung Pfarrerssohn. Beide haben eine tiefe religiöse Prägung erfahren. Von dort her kommt das lebenslange Interesse beider für religiöse Fragestellungen und Probleme. Mehr noch: Die dogmatische Enge der elterlichen Weltsicht, die Hesse und Jung in ihren Schriften immer wieder beschrieben haben, stellte die heranwachsenden, hochintelligenten Söhne vor die Aufgabe, die traditionelle und restriktive Religiosität ihrer Eltern zu überwinden und eigene, persönliche Formen zu entwickeln.

Es fällt auf, dass bei beiden die große Lebenskrise und der Durchbruch in eine eigene geistige Welt praktisch gleichzeitig, während des
ersten Weltkriegs, stattfinden. Jung ist Hesse etwas voraus. Er gibt
seine Erkenntnisse über die Natur der Seele und den Individuationsprozess durch Langs Vermittlung an Hesse weiter. Hesse ist aufgrund
seiner ähnlichen Sozialisation, seiner psychischen Probleme und seiner
geistig-religiösen Interessen davon fasziniert. Dies ist der Stoff, aus dem
er den „Demian" gestaltet.

2. Der psychotherapeutische Aspekt: Dieser hängt eng mit dem
biografischen zusammen. In drei entscheidenden Krisensituationen
seines Lebens sucht Hesse Hilfe in einer Jungschen Psychotherapie.
Er wird offenbar mit einem einleuchtenden Deutungsmuster für seine
psychischen Konflikte konfrontiert. Das Verfahren fesselt ihn derart,
dass er es nicht nur für seine persönliche Gesundung nutzt, sondern
auch für seine literarische Arbeit. So entstehen nach dem „Demian"
auch „Siddhartha" und „Der Steppenwolf". Hesse gewinnt die Überzeugung, dass Jungs Tiefenpsychologie allgemeinmenschlich gilt.

3. Der religionspsychologische Aspekt: Hesse findet in Jungs Psychologie das Instrumentarium, um das religiöse Fundament seines Lebens
auf eine neue, zeitgemäße und erregende Weise zu deuten und für seine
dichterische Arbeit fruchtbar zu machen. Jungs Lehre gibt ihm den
Schlüssel in die Hand für jene Synopsis von Psychologie und Religion,
die als das wichtigste Merkmal von Hesses Werk seit dem „Demian"
anzusehen ist. Mehr noch: Jungs Religionspsychologie liefert ihm das
Fundament für die zentrale Botschaft seiner Dichtung: die Identität von
Selbst-Erfahrung und Gottes-Erfahrung. Sie öffnet ihm den Zugang zu
jener „summa metaphysica", die ihm nach der Analyse bei Lang zur
Gewissheit wird. Von dieser Gewissheit wird er seine geistige Energie
und sein Sendungsbewusstsein beziehen.
Auf die sich anbahnende Entwicklung hat er sich allerdings durch
systematische Lektüre vorbereitet: der klassischen religiösen Literatur

von der Bibel über die Sprüche von Buddha und Konfuzius bis hin zu den Upanishaden und dem Tao-te-king. Fortan sieht sich Hesse als einen Anwalt dieses einen „Geheimnisses", das über allen Religionen ist und von dem alle Religionen in ihrer spezifischen Symbolsprache Zeugnis ablegen. In seinen berühmten Aufsatz „Mein Glaube" aus dem Jahre 1931 schreibt er:

> Griechen und Perser, Inder und Chinesen, Christen und Buddhisten, alle meinen das Selbe, nur haben sie andre Namen dafür als wir.[49]

In diesem Glauben ist Hesse freilich durch Jungs Lehre nur bestätigt worden. Dazu angeleitet hatten ihn – auf ihre Art und Weise – seine Eltern. Was er ihnen in dieser Hinsicht verdankte, hat er anerkannt; er hat in seinen Werken dem jeglichem Nationalismus abholden, internationalen, ökumenischen Geist seines Elternhauses immer wieder hervorgehoben und auch dessen Aufgeschlossenheit für die indische Kultur betont. Unter diesem Blickwinkel (allerdings nur unter diesem) betrachtet, hatte es Hesse, um zu sich zu finden, keineswegs nötig, sich loszulösen. Auf dem vorgezeichneten Weg weiterzuschreiben, hat ihn Jungs Religionspsychologie ermutigt; sie hat ihm die theoretische Rechtfertigung gegeben.

Wegen seines Glaubens an einen gemeinsamen Urgrund aller Religionen ist Hesse ein unreflektiertes Harmoniebedürfnis vorgeworfen worden; er habe Gegensätze einebnen wollen, die eigentlich unvereinbar seien. Damit verkennt man seine Intention. Hesse sucht Harmonie, weil er von einer die ganze Menschheit umfassenden Schau der Vielschichtigkeit und Widersprüchlichkeit der Welt und des Menschen schlechthin ausgeht. Sein Motiv ist kein Bedürfnis nach oberflächlicher Selbstzufriedenheit, sondern die zutiefst humanistische Bemühung um eine Aussöhnung der Menschen und Völker. Wie sollte es zu wirklicher Aussöhnung, zu wahrhaftem Frieden kommen, wenn nicht dadurch, dass man dem Anderen das Recht zubilligt, seine Teilhabe an der Wahrheit mit eigenen Worten und Formen auszudrücken? Nur aus dem

Bewusstsein der Einheit in der Vielfalt, das hat Hesse erkannt, kann Brüderlichkeit erwachsen als die wichtigste Voraussetzung für Menschlichkeit und Frieden in dieser friedlosen Welt.

5. Die religionsübergreifende Suche nach Wahrheit

Auf den religiösen Kern seiner Dichtung hat Hermann Hesse immer wieder hingewiesen. Zugleich hat er sich darüber beklagt, dass seine Leser und Kritiker ihn selten verstanden hätten. So schreibt er im Oktober 1928 an Erhard Bruder:

> Da Sie so tief eingedrungen sind, muss ich Ihnen auch sagen, wo ich mich von Ihnen nicht völlig verstanden fühle. Es ist [...] die religiöse Herkunft meines Wesens und Denkens, etwas was keiner meiner Kritiker, außer Ball, je begriffen hat. Ob man es nun als Wert oder als Mangel ansehe: ich bin nun einmal in einer Sphäre hoher, ja leidenschaftlicher Religiosität aufgewachsen, und sie ist in mich übergegangen, wenn sie sich in mir auch vielfach geändert und pervertiert hat.[50]

Als Hesse diese Feststellung traf, war Hugo Ball vor kurzem gestorben. Ball hatte sich in der Zeit des ersten Weltkrieges, als der Dadaismus in Zürich entstand, mit Entschiedenheit an dessen theoretischer Ausformung und literarischer Verbreitung beteiligt. Später war er zum Katholizismus übergetreten. Nach der Konversion hatte er ein Werk über „Byzantinisches Christentum" verfasst. Hesse hatte die Entstehung dieses Werkes aus nächster Nähe verfolgt und es dann sehr gelobt. Am ehesten war in der Tat Hugo Ball geeignet gewesen, die Verwurzelung Hesses im Religiösen zu erkennen.

Hesse war sich nicht nur darüber klar, dass die Auseinandersetzung mit dem Religiösen sein Denken und Dichten bestimmte; er erkannte auch, was ihn geprägt hatte, nämlich das Erlebnis des pietistischen Elternhauses sowie der überaus starke religiöse Einschlag in seiner gesamten Ahnenkette.

In dem Aufsatz „Mein Glaube" aus dem Jahre 1931 hat er den Ort bezeichnet, an dem er angesiedelt war:

[...] das Leben meiner Voreltern und Eltern war ganz und gar vom Reich Gottes her bestimmt und stand in dessen Dienst. Daß Menschen ihr Leben als Lehen von Gott ansehen und es nicht in egoistischem Trieb, sondern als Dienst und Opfer vor Gott zu leben suchen, dieses größte Erlebnis und Erbe meiner Kindheit hat mein Leben stark beeinflusst.[51]

Dem widerspricht keineswegs die Rebellion des jungen Hesse gegen sein Elternhaus, und dass er aus dem Maulbronner Seminar ausbrach, in eine Nervenheilanstalt gebracht wurde und sich selbst zu töten versuchte. Der Heranwachsende musste die dogmatischen Fesseln sprengen, die seine pietistischen Eltern ihm angelegt hatten, den geistigen Freiraum erobern, den er brauchte, um seinen eigenen Weg zu finden, seine eigene Sprache zu entwickeln. Die – natürliche – Auflehnung der Jugendlichen ging vor dem ersten Weltkrieg nicht so glimpflich vonstatten wie in unserem aufgeklärten Zeitalter; so mancher blieb dabei „unter'm Rad" liegen. Hesse erging es trotz alledem besser. Er überlebte. Mehr noch: Die strenge, den Lebensvollzug in allen Einzelheiten regelnde Religiosität der Eltern wurde sogar auch für ihn in späterer Zeit maßgebend.

Am 15. Februar 1923 schrieb Hesse an Berthli Kappeier einen Brief, der besonders aufschlussreich ist:

Ich halte einige Sprüche des Neuen Testaments, neben einigen von Lao Tse und einigen von Buddha und den Upanishaden, für das Wahrste, Konzentrierteste, Lebendigste, was auf Erden erkannt und gesagt worden ist. Dennoch ist mir der christliche Weg zu Gott verbaut gewesen, durch eine streng fromme Erziehung, durch die Lächerlichkeit und Zänkerei der Theologie, durch die Langeweile und gähnende Öde der Kirche, und so weiter. Ich suchte also Gott auf anderen Wegen, und fand bald den indischen, der mir von Hause aus nahe lag, denn meine Vorfahren, Großvater, Vater und Mutter hatten nahe und innige Beziehungen zu Indien, sprachen indische Sprachen etc. Später fand ich auch den chinesischen Weg, was für mich das befreiendste Erlebnis war. Natürlich war ich daneben und nicht minder intensiv durch moderne Versuche und Probleme beschäftigt, durch Nietzsche, durch Tolstoi, durch Dostojewski, das Tiefste aber fand ich in den Upanishaden, bei Buddha, bei Konfuzius und Lao Tse, und dann auch, als meine alte Aversion gegen die speziell christliche Form der Wahrheit allmählich nachließ, auch im Neuen Testament.[52]

In diesem Brief beschreibt Hesse nicht nur den Weg, den er seit dem Bruch mit dem Religionsverständnis seiner Eltern beschritten hat. Er zeigt auch sein Ziel an: Dieses Ziel ist religionsübergreifend. Hesse legt sich weder auf eine Kirche noch auf eine Konfession fest. Er will die Wahrheit. Er hat aber eingesehen, dass weder die Philosophie noch die Geschichte (nicht einmal die Dogmen- und Religionswissenschaft) und auch nicht Dichtung ihm weiterhelfen können. Er hat erkannt, dass die Wahrheit nicht diskursiv, mit den Mitteln des analysierenden Verstandes, zu erreichen ist.

Neun Jahre später, 1932, hat Hesse noch einmal auf die Bedeutung des religionsübergreifenden Bildes vom Menschen verwiesen, das er gewonnen hatte:

[...] für mich hängen die wichtigsten geistigen Erlebnisse damit zusammen, dass ich allmählich und mit Jahren und Jahrzehnten der Pausen, im Wiederfinden derselben Deutung des Menschendaseins bei Indern, Chinesen und Christen die Ahnung eines Kernproblems bestätigt und überall in analogen Symbolen ausgedrückt fand.[53]

6. Individuation als Weg zum Heil

Für Hermann Hesse war es eine faszinierende Entdeckung, dass allen großen Religionen und Weisheitslehren, über alle Zeiten, Epochen und Kulturen hinweg und unbeschadet aller Unterschiede, ein gemeinsames Bild vom Menschen eignet. Die Gemeinsamkeit besteht nicht allein darin, dass alle vom Heil als dem Ziel dieselbe Vorstellung haben, sondern auch darin, dass alle auf denselben Weg zum Heil weisen. In dem Aufsatz „Ein Stückchen Theologie" aus dem Jahre 1932 schreibt Hesse dazu:

> Der Weg der Menschwerdung beginnt mit der Unschuld (Paradies, Kindheit, verantwortungsloses Vorstadium). Von da führt er in die Schuld, in das Wissen um Gut und Böse, in die Forderungen der Kultur, der Moral, der Religionen, der Menschheitsideale. Bei jedem, der diese Stufe ernstlich und als differenziertes Individuum durchlebt, endet sie unweigerlich mit Verzweiflung, nämlich mit der Einsicht, dass es ein Verwirklichen der Tugend, ein völliges Gehorchen, ein sattsames Dienen nicht gibt, dass Gerechtigkeit unerreichbar, dass Gutsein unerfüllbar ist. Diese Verzweiflung führt nun entweder zum Untergang oder aber zu einem dritten Reich des Geistes, zum Erleben eines Zustandes jenseits von Moral und Gesetz, ein Vordringen zu Gnade und Erlöstsein, zu einer neuen, höheren Art von Verantwortungslosigkeit, oder kurz gesagt: Zum Glauben. Einerlei welche Formen und Ausdrücke der Glaube annehme, sein Inhalt ist jedesmal: dass wir wohl nach dem Guten streben sollen, soweit wir vermögen, dass wir aber für die Unvollkommenheit der Welt und für unsre eigene nicht verantwortlich sind, dass wir uns selbst nicht regieren, sondern regiert werden, dass es über unserem Erkennen einen Gott oder sonst ein „es" gibt, dessen Diener wir sind, dem wir uns überlassen dürfen.[54]

Was Hesse hier beschreibt und in praktisch allen seinen Werken nach dem „Demian" dichterisch gestaltet, ist natürlich kein empirischer Befund, sondern eine Norm, die er aufstellt. Es ist der Weg dessen, der religionsübergreifend zum Heil strebt, und gleichzeitig die Quintessenz jenes Entwurfs, den C. G. Jung in seiner psychologischen Anthropologie als „Individuationsprozess" bezeichnet. Hierzu schreibt Hesse in dem oben erwähnten Aufsatz:

> Jeder Christ, der wirklich etwas erlebt hat, erkennt dieselben Erfahrungen bei Paulus, Pascal, Luther, Ignatius unfehlbar wieder. Und jeder Christ, der noch ein Stück näher ans Zentrum des Glaubens gekommen und darum dem Bereich der bloß „christlichen" Erlebnisse entwachsen ist, findet bei den Gläubigen anderer Religionen, nur in anderer Bildsprache, alle jene Grunderlebnisse der Seele mit allen Kennzeichen unfehlbar wieder.[55]

Was für den Weg zum Heil gilt, trifft nach Hesse auch zu für das psychologische Ziel in den Lehren der großen Weisen, Religionsführer und Religionen. Schon in der Betrachtung „Weihnacht" aus dem Jahre 1917 heißt es dazu:

> Die Lehre Jesu und die Lehre Lao Tses, die Lehre der Veden und die Lehre Goethes ist in dem, worin sie das ewig Menschliche trifft, dieselbe. Es gibt nur eine Lehre. Es gibt nur eine Religion. Es gibt nur ein Glück. Tausend Formen, tausend Verkünder, aber nur einen Ruf, nur eine Stimme. Die Stimme Gottes kommt nicht vom Sinai und nicht aus der Bibel, das Wesen der Liebe, der Schönheit, der Heiligkeit liegt nicht im Christentum, nicht in der Antike, nicht bei Goethe, nicht bei Tostoi – es liegt in dir, in dir und in mir, in jedem von uns. Dies ist die alte, einzig ewig gültige Wahrheit. Es ist die Lehre vom „Himmelreich", welches wir „inwendig in uns" tragen.[56]

Hesse unterstreicht also immer wieder, dass die großen Weltreligionen und Weisheitslehren nicht nur einen einheitlichen Weg zur Erlösung, sondern auch ein einheitliches Ziel vorgeben. Er fasst dieses Ziel in die christliche Metapher vom Erlebnis des „inwendigen Himmelreichs".

Den Aufweis vom „inwendigen Himmelreich" hat C. G. Jung mit Hilfe des methodischen Rüstzeugs seiner Tiefenpsychologie zu erbringen versucht. Er führt zu der unendlich wertvollen Einsicht, dass allen Verschiedenheiten der Kulturen und Religionen zum Trotz die gesamte Menschheit eine einheitliche psychologische Basis und eine gemeinsame ethische Zielvorstellung besitzt.

In seinem Essay „Krieg und Frieden" aus dem Jahre 1918 beschreibt Hesse einige der Wirkungen dieser religionsübergreifenden psychischen Erfahrung:

Wo jene höchste Erkenntnis da ist (wie bei Jesus, bei Buddha, bei Plato, bei Laotse), da wird eine Schwelle überschritten, hinter der die Wunder beginnen. Da hört Krieg und Feindschaft auf. Man kann davon im Neuen Testament und in den Reden Gotamas lesen, und wer will, kann auch darüber lachen und es „Verinnerlichungsrummel" heißen. Wer es erlebt, dem wird der Feind zum Bruder, der Tod zur Geburt, die Schmach zur Ehre, Unglück zu Schicksal. Jedes Ding auf Erden zeigt sich doppelt.[57]

In den Notizblättern „Stichworte zu einem Vortrag über indische Kunst und Dichtung" – Vorbereitungen zu einem Referat am 12. Januar 1922 im Stadttheater zu St. Gallen – hat Hesse am Beispiel des Buddhismus das Wesen dieser höchsten Erkenntnis psychologisch noch genauer gefasst:

Die geistigen Übungen, Meditationen, führen in allmählichen Stufen zum Ziel der Erkenntnis. Diese beruht darin, dass das Ich sich als eine Täuschung erweist, dann tritt anstelle des Ich-Bewußtseins das Allbewußtsein, die erlöste Seele kehrt aus Vereinzelung und Irrung ins All (Nirwana) zurück.[58]

Der Dichter geht davon aus, dass es einen exemplarischen Individuationsweg gibt, der mit dem Zustand undifferenzierter„Unschuld" beginnt, in das Erlebnis der „Schuld" und der Polarität von Gut und Böse in der individuellen Existenz führt, und deshalb in Verzweiflung mündet, bevor das Individuum scheitert oder aber zur höchsten Erkenntnis gelangt.

Höchste Erkenntnis ist erst möglich nach Überwindung des wesensmäßig polaren und vereinzelten Ich-Bewusstseins, wenn das Individuum zu einem Allbewusstsein gelangt, in dem alle Gegensätze sich auflösen und einem universalen Einheitsgefühl weichen.

Hesses Individuationsmodell soll ein universal gültiges Muster des religiösen Heilsweges in Ost und West darstellen. Dieses Muster findet der Dichter im Wege Jesu, des Paulus, Luthers und Buddhas; die Upanishaden und der Taoismus lehren, wie der Weg beschritten werden kann.

Aufgabe dieses Bandes ist es nicht, dem interessierten Leser zu zeigen, wie Hesse in seinen Romanen und Erzählungen seine Überzeugung von einem solchen religionsübergreifenden Weg zum Heil gestaltet hat. Wir haben es an anderer Stelle versucht. Hier geht es uns darum, verständlich zu machen, was Hesse unter Weg und Ziel meint, und welche Stütze Jungs Tiefenpsychologie für seine Suche nach Wahrheit gewesen ist.

7. Hermann Hesses Individuationsmodell in der Sicht der Psychologie C. G. Jungs

Dass Jungs Tiefenpsychologie dem von Hesse entworfenen Individuationsmodell zugrunde liegt, ist offensichtlich. Hesses Zustand der „Unschuld" entspricht bei Jung der undifferenzierten, naiven Psyche vor Beginn des Individuationsprozesses. Jung beschreibt diesen Zustand als

[...] getreues Abbild eines noch in jeder Hinsicht undifferenzierten menschlichen Bewußtseins, welches einer der tierischen Ebene noch kaum entwachsenen Psyche entspricht.[59]

Das Erlebnis der „Schuld" und des Ausgeliefertseins an die Polarität von Gut und Böse bezeichnet Jung als die „Auseinandersetzung mit dem Schatten".

Die Auseinandersetzung mit dem Schatten ist nach Jungs Lehre die erste Aufgabe im Individuationsprozess. Hesse spricht dafür von „Verzweiflung". Sie ergibt sich nach Jung notwendig aus dem Konflikt zwischen dem Ich und seinem „Alter Ego". „Verzweiflung" ist in einem gewissen Sinne ein Wortspiel, weil der Terminus sowohl die Entzweiung des Ich als auch die Verzweiflung im eigentlichen Verständnis meint, die sich aus der Erkenntnis des im Ich vorhandenen Bösen ergibt. Im übrigen bedeutet „Zweifel" vom Altgermanischen her: „zweifach gespalten". Jung erläutert den Vorgang der Verzweiflung folgendermaßen:

Im Bewußtsein sind wir unsere eigenen Herren [...] Schreiten wir aber durch das Tor des Schattens, so werden wir mit Schrecken inne, dass wir Objekte von Faktoren sind.[60]

Der Einzelne erfährt zu seinem maßlosen Erstaunen und Erschrecken, dass es zwei „Herren im eigenen Hause" gibt. Die „höchste Erkenntnis", die Hesse beschreibt, meint nichts anderes als die Erfahrung von Jungs

„Selbst" – jener seelischen Instanz, die den Schatten wie das Ich in einer größeren Ganzheit umschließt und die vom Einzelnen häufig als ein Gotteserlebnis erfahren wird.

8. Der archetypische Heilsweg: Ein Überblick

Die Mythen der Bibel, wie alle Mythen der Menschheit, sind für uns wertlos, solang wir sie nicht persönlich und für uns und unsere Zeit zu deuten wagen. Dann aber können sie uns sehr wichtig werden.

Dies schrieb Hermann Hesse am 13. April 1930 an den Realschüler H. S., Troppau. Rudolf Bultmann hat 1941 in seinem berühmten Aufsatz „Neues Testament und Mythologie"[62] die Auffassung vertreten, dass die gesamte Bibel innerhalb des mythischen Weltbildes der Antike entstanden sei. Das Problem für den in naturwissenschaftlichen Kategorien denkenden Menschen von heute sei, dass er sie nicht mit seinem Wissensstand in Einklang bringen könne.

Die Diskrepanz ist nach Bultmann deshalb besonders gravierend, weil das Neue Testament, das die spezifisch christliche Heilsbotschaft enthält, nicht das Gesetz, sondern mythische Vorstellungen vom Leben und von der Person Jesu als dem entscheidenden Heilsereignis in den Vordergrund rückt. Aus diesen Überlegungen heraus fordert Bultmann eine „Entmythologisierung" des Neuen Testaments (sozusagen als Aktualisierung des christlichen Glaubens). Hierfür empfiehlt er eine „existentiale" und „anthropologische" Interpretation des mythischen Gehalts der Schrift. Er sieht darin die Voraussetzung für einen sinnvollen Zugang des heutigen Menschen zu der Bibel.

Es geht hier nicht darum, die Forschungsergebnisse Bultmanns zu beurteilen. Vielmehr soll darauf aufmerksam gemacht werden, dass die psychologischen Interpretationen, die in dieser Studie wiedergegeben werden, sich auch auf eine bestimmte theologische Tradition berufen können.

Um einer möglichen Fehlinterpretation der folgenden Gedankengänge vorzubeugen, wird an dieser Stelle erneut und ausdrücklich hervorgehoben, dass sie einen Versuch darstellen, die Erkenntnisse und Einsichten, die Hermann Hesse im Verlauf eines halben Jahrhunderts gewonnen und literarisch festgehalten hat, auf einen Nenner zu bringen. Ferner stellen sie einen Versuch dar, Hesses „Glauben" mit den Thesen zu verbinden, welche die maßgeblichen Tiefenpsychologen seiner Zeit aufstellten.

Dazu wird auf Jungs psychologische Anthropologie Bezug genommen. Die Bezugnahme ist, wie aus der bisherigen Darlegung hervorgeht, durch den aufgezeigten Einfluss Jungs auf Hesse gerechtfertigt.

Wir weisen darauf hin, dass im Folgenden keine umfassende psychologische Interpretation der Weltreligionen geboten wird. Die Betrachtung erfolgt typologisch. Sie berücksichtigt weder historische Entwicklungen noch solche Sonderformen wie zum Beispiel den Chassidismus im Judentum. Sie gilt ausschließlich dem gemeinsamen Individuationskonzept, das Hermann Hesse in denjenigen Weltreligionen, welchen er sich zuwandte, zu entdecken glaubte. Das Ziel ist, dieses Konzept nach Jungs psychologischen Kategorien zu interpretieren und seinen Bezug zu dem Werk des Dichters aufzuzeigen.

Die religionspsychologischen Betrachtungen, die nun zu lesen sind, sollen deutlich werden lassen, dass die Mythen der Bibel und die Lebenszeugnisse der wichtigsten christlichen Kirchenväter die Grundlinien des Individuationsweges aufweisen, des Weges, den Hermann Hesse in seinem Drei-Stufen-Modell auf der Grundlage von Jungs Archetypenlehre beschrieben hat.

Wie sich dabei herausstellen wird, bleibt das Grundmuster jedes Mal dasselbe: Zunächst wird die Phase kindlicher Unschuld und Undifferenziertheit durch eine rigide moralisch-religiöse Erziehung zerstört. Der Heranwachsende gerät dadurch in Widerspruch zu seinen natürlichen Anlagen; er entwickelt Schuldgefühle für alle seine eingebildeten oder tatsächlichen Sünden. Diese bilden in der Sprache Jungs den Schatten, der den Einzelnen in die Verzweiflung stürzt.

Der Schatten, der als sündhaft empfundene Teil des Ich also, kann im Rahmen der tradierten Vorstellung von einem strafenden Vatergott nicht in die Gesamtpersönlichkeit integriert werden. Die Persönlichkeit ist gespalten, neurotisch infolge ihrer schweren Schuldgefühle. Die Spaltung wird erst durch das Erlebnis der Gnade überwunden. Der

psychologisch relevante Kern des Vorgangs ist die Erfahrung der Vergebung durch einen liebenden Gott.

Dieser Weg zum Heil ist, wie anschließend beispielhaft gezeigt wird,
charakteristisch für den christlichen Individuationsprozess. Bei Buddha
ist zwar die inhaltliche Füllung des Modells verschieden, doch bleibt
der dialektische Dreischritt mit den nämlichen tiefenpsychologischen
Grundkategorien erhalten:

Die Phase der Unschuld und Undifferenziertheit wird bei Buddha
durchkreuzt durch die Erfahrung der Vergänglichkeit und Unaus-
weichlichkeit des Todes. Sie bildet den spezifischen Schatten. Dies
ist durchaus vereinbar mit Jungs Psychologie, denn nach Jung ist der
Schatten immer individuell verschieden; er hängt davon ab, wie die
bewusste Persönlichkeit sich selbst definiert.

Ganzheit und Frieden findet auch Buddha erst, nachdem er beim
Erleuchtungserlebnis unter dem Mango-Baum den Schatten ins
Bewusstsein aufgenommen hat. Damit hat er das Grundgesetz der
Vergänglichkeit allen Seins als Bestandteil des Lebens und seiner Persön-
lichkeit akzeptiert. Der moralische Zwiespalt, den die jüdisch-christ-
liche Tradition verursacht, wird demnach bei Buddha durch das
Dilemma der Vergänglichkeit ersetzt.

Ein letztes Ziel der nachfolgenden Ausführungen ist der Nachweis, dass unbeschadet aller bekannten Unterschiede die aus der Sicht
Hermann Hesses relevanten Weltreligionen und Weisheitslehren miteinander übereinstimmen, was ihre Botschaft von der höchstmöglichen
menschlichen Entwicklung betrifft, und das heißt: in der Zielperspektive ihres impliziten Individuationskonzeptes.

Dieses gemeinsame Ziel – das soll später anhand ausgewählter Text-
passagen erläutert werden – ist die Überwindung des Ich; gefordert
wird ein Leben aus dem überindividuellen Selbst. Hermann Hesse hat
dies als das Ergebnis seiner religiösen Studien erarbeitet. Das egozen-
trische, nur auf sein individuelles Ich und seine partikularen Bedürf-
nisse bedachte Individuum soll durch einen neuen Menschen abgelöst

werden. Der neue Mensch soll den Mitmenschen, die Welt und Gott gleichfalls in sich selbst wissen.

Diese Forderung, so Hermann Hesse und C. G. Jung, ist die gemeinsame Botschaft aller Weltreligionen und maßgeblichen Weisheitslehren, die übrigens auch der Islam und das Judentum verkündigen: Wahrhaftige Menschlichkeit, Erfüllung und Frieden sind erst dann möglich, wenn der Einzelne sein beschränktes Ich überwindet und sich in konstruktiver Weise seinem Selbst und damit auch seinen Mitmenschen wie der Welt öffnet.

9. Die luziferische Erleuchtung

Der archetypische Weg, der zur Individuation und zum Heil führt, beginnt nach Hesse bei der „Unschuld". Dieser Zustand, den sowohl die Menschheit in der Geschichte ihrer psychischen Entwicklung als auch der Einzelne erfahren, hat seine erste mythische Ausprägung im Schöpfungsbericht der Genesis (1,27 und 2,35) gefunden; dort wird er wie folgt beschrieben:

> Und Gott schuf den Menschen nach seinem Bilde, nach dem Bilde Gottes schuf er ihn, als Mann und Frau schuf er sie. [...] Beide waren nackt, der Mensch und sein Weib. Aber sie schämten sich nicht voreinander.[63]

Der paradiesische Urzustand vor dem Sündenfall bedeutet den Zustand der Unbewusstheit vor dem Beginn des Individuationsprozesses. Dass Nacktsein kein Schamgefühl hervorruft, symbolisiert die Unreflektiertheit. Er weiß nichts vom Bösen, aber auch nichts vom Geist, von Gott in sich. Der Mensch im Paradies symbolisiert die ursprüngliche Einheit, Ganzheit und Ungebrochenheit, einen Zustand ohne Geist.

Das Erwachen des Menschen zum Geist wird im Alten Testament als ein Werk des Teufels dargestellt: Gott hat Adam und Eva das Essen vom Baum der Erkenntnis untersagt; der Teufel erscheint in Gestalt der Schlange (Gen. 2,17 u. 3,5), verführt Eva und leitet damit, ebenfalls symbolisch, die zweite Stufe in Hesses Individuationsmodell ein:

> (Gott zu Adam:) Von dem Baum der Erkenntnis des Guten und Bösen darfst du nicht essen. Denn am Tage, da du davon issest, musst du sicher sterben. (Gen. 2,17)
> (Die Schlange zu Eva:) Keineswegs, ihr werdet nicht sterben. Vielmehr weiß Gott, dass an dem Tage, da ihr davon esset, euch die Augen aufgehen und ihr sein werdet wie Götter, die Gutes und Böses erkennen. (Gen. 3,5)

Nach Jung tritt die Schlange häufig in Verbindung mit Entwicklung und Wandlung der Psyche auf:

> Die Schlange verkörpert das Numen [sowohl] des Wandlungsaktes als auch der Wandlungssubstanz. [...] Sie ist das tötende Messer, aber auch der Phallus als ein Symbol jener regenerativen Kraft des Weizenkornes.[64]

Dieselbe wertfrei verwandelnde und steigernde Funktion wie in Jungs „Symbole der Wandlung" hat die Schlange übrigens in Goethes „Märchen", wenn auch auf der höheren Stufe der Wandlung vom Ich zum Selbst. Dieses „Märchen" gehört, dies sei nebenbei bemerkt, zu den erstaunlichsten Dichtungen Goethes. Es enthält die gesamte Symbolik des Individuationsprozesses, für deren Erforschung Jung Jahrzehnte empirischer Forschung aufgewendet hat.

Indem der Teufel das Licht des Geistes bringt (Lucifer: lat. „der Lichtbringer"), bewirkt er den Zwiespalt der Psyche. Der Mensch fällt aus der ursprünglichen Einheit mit der Welt und mit Gott heraus. Das Erwachen zum individuellen Ich bewirkt eine polare Daseinsbefindlichkeit. Die luziferische Erleuchtung führt am Ende unfehlbar in jene Verzweiflung (im oben erläuterten Doppelsinn des Wortes), die Hesse und Jung als die Vorstufe zur göttlichen Erleuchtung kennzeichnen, zum Bewusstsein des Selbst.

Nun muss gefragt werden, worin der Zustand der Verzweiflung besteht. Er ist gekennzeichnet durch das Bewusstsein der Polarität von Gut und Böse; der Mensch ist – wie bei der Vorstellung des Schattens gezeigt wurde – mit dieser Polarität konfrontiert. Er ist gefordert, sie auszuhalten, kann es aber nicht. Deshalb wird er an sich irre.

Andere Religionen, die sich in anderen Kulturkreisen verbreitet haben, formulieren die grundlegenden Daseinsprobleme und ihre Lösung völlig anders. In der jüdisch-christlichen Tradition aber bleibt das Erwachen zum Geist untrennbar verknüpft mit der Unterscheidung von Gut und Böse. Dies hat unser Bewusstsein dermaßen geformt und geprägt, dass es bis heute die grundlegende Polarität unseres Daseinsverständnisses bildet – eine Polarität, die weitgehend als selbstverständlich hingenommen wird. Das gesellschaftliche Bewusstsein und die Erziehungsinstanzen reproduzieren die Polarität in jedem nachwachsenden Individuum. Sie führen immer weiter den Konflikt fort, mit dem der Individuationsprozess in unserem Kulturkreis beginnt.

In den Biografien aller großen christlichen Heiligen – das soll jetzt gezeigt werden – kommt zu diesem Grundmuster aber ein verschärfendes Moment noch hinzu: Sie wuchsen unter einer ganz besonders strengen, starren und gnadenlosen Form der moralisch-religiösen Erziehung auf. Solche Sozialisationsbedingungen haben eine außerordentliche moralische Sensibilität und Skrupelhaftigkeit zur Folge. Sie steigern den inneren Konflikt ins schlechthin Unterträgliche. Er spitzt sich so lange zu, bis die innere Zerrissenheit im Gnadenerlebnis überwunden wird. Der psychische Weg zum christlichen Gotteserlebnis ist immer derselbe: Die göttliche Instanz – eine Projektion des Selbst – vergibt das Böse; dadurch ermöglicht sie die Integration des Schattens. Der Heilsgedanke ist sprechend: Das christliche Gnadenerlebnis „heilt" jene innere Zwietracht, die der alttestamentliche Mythos und die darauf beruhende jüdisch-pharisäische Gesetzesreligion unversöhnt gelassen hatten.

10. Jesus von Nazareth

Die nachfolgende Darstellung versucht eine psychologische Deutung der drei synoptischen Evangelien (Markus-, Matthäus- und Lukas-Evangelium). Wesentliche Anregungen verdankt sie der Jesus-Monographie des Jerusalemer Professors David Flusser.[65] Dabei stellt sie nicht die für unser Thema müßige Frage nach der Historizität der Ereignisse. Sie interpretiert das Neue Testament im Lichte der Psychologie C. G. Jungs als ein Dokument, das in der Form entweder von Fakten oder von Projektionen die archetypischen Stationen und Merkmale eines christlichen Heiligenlebens beschreibt. Die Thesen, die sich daraus ableiten lassen, könnten selbst dann Gültigkeit beanspruchen, wenn die gesamten Evangelien nichts weiter wären als Hirngespinste der Evangelisten; dann müsste man sich nämlich immer noch die Frage stellen, weshalb sie über das Leben des „Gottessohnes" ausgerechnet in dieser Weise berichten.

Die erste These zum Individuationsweg Jesu ergibt sich aus einem Indizienbeweis: Wir wissen aus vielfältigen historischen Dokumenten, unter anderem aus den sehr viel genauer überlieferten Sozialisationsbedingungen des Paulus, dass das religiöse Leben des damaligen Judentums durch die Sekte der Pharisäer bestimmt wurde. Die Pharisäer zeichneten sich aus durch eine besonders strenge Auslegung der alttestamentlichen Gesetzesreligion. Der mosaische Dekalog war durch eine Vielzahl von teilweise äußerst spitzfindigen Vorschriften ergänzt worden. Gustav Mensching charakterisiert 1981 in seinem Werk über die Weltreligionen den Pharisäismus wie folgt:

Im Pharisäismus tritt Gott im Zuge wachsender Gesetzlichkeit hinter seiner Manifestation, dem Gesetz, zurück. [...] Das gesamte Leben ist gesetzlich geregelt. [...] Der Fromme zu Jesu Zeiten lebte daher [...] in ständiger Angst vor Übertretungen irgendwelcher Gesetze.[66]

Laut Mensching ging die pharisäische Kasuistik so weit, dass festgelegt war, ob man mit dem Beten aufhören durfte, wenn man zum Beispiel von einer Schlange gebissen wurde. Das Heil war abhängig von der Erfüllung einer Vielzahl von Geboten.

Man kann mit an Sicherheit grenzender Wahrscheinlichkeit annehmen, dass Jesus im Geiste dieser rigorosen Gesetzesreligion aufgewachsen ist und erzogen wurde. Wie alle gläubigen Juden erhielt er die Unterweisung in der Heiligen Schrift und erlernte ein Handwerk – sehr wahrscheinlich dasjenige des Zimmermanns. Es ist nicht beweisbar, aber höchst wahrscheinlich, dass der heranwachsende Jesus – wie Mensching oben andeutet – unter der lebensfremden Strenge der pharisäischen Gesetzesauslegung gelitten und Schuldkomplexe entwickelt hat.

Nach Jungs Psychologie ist es eine beinahe zwangsläufige Konsequenz, dass eine solche religiöse Praxis beim Gläubigen einen riesigen Schatten erzeugt, der nicht in das bestehende religiöse Weltbild integriert werden kann.

Der heranwachsende, im pharisäischen Geist erzogene Jesus muss, wie später Paulus, der mit aller Deutlichkeit darauf hingewiesen hat, wie Augustinus und Luther, unter einem zermürbenden Schuldbewusstsein für seine tatsächlichen oder vermeintlichen Sünden gelitten haben.

Nicht von der psychologischen Theorie und auch nicht von der gesellschaftlichen Rahmensituation abgeleitet wie seine anzunehmenden Schuldkomplexe ist Jesu Gotteserlebnis bei Johannes dem Täufer. Nach übereinstimmender Auskunft der Synoptiker war die johanneische Taufe ein religiöser Ritus zum Zwecke der Sündenvergebung:

[...] da erging das Wort Gottes an Johannes, den Sohn des Zacharias, in der Wüste. Er kam in das ganze Land am Jordan und predigte eine Taufe der Umkehr zur Vergebung der Sünden. (Luk. 3,2-3)

53

Da zog Jerusalem und ganz Judäa und die ganze Jordangegend zu ihm hinaus, und sie ließen sich von ihm im Jordan taufen und bekannten dabei ihre Sünden. (Mat. 3,5)

Neuere Forschungsergebnisse haben genaueren Aufschluss über die johanneische Taufe erbracht. Die Entdeckung der essenischen Schriftrollen im Jahre 1947 hat den Nachweis ermöglicht, dass sie auf wesentlich ältere Vorstellungen der Essener zurückgeht; sie war ein magischer Ritus zur Sündenvergebung und – man beachte den Hinweis auf die dritte Stufe von Hesses Modell – zum Erlangen des „Heiligen Geistes".

Flusser hat die Taufe wie folgt rekonstruiert: Jeder Taufanwärter legt zunächst ein umfassendes und rückhaltloses Sündenbekenntnis ab; sodann verspricht er, künftig im Geist wahrer Gottes- und Nächstenliebe zu handeln. Ist das Versprechen abgegeben, so vollzieht Johannes die Taufe mit der Verheißung, durch das Eintauchen ins Wasser würden die Sünden abgewaschen; der Täufling erlange den „Heiligen Geist".

Die mögliche psychische Wirkung der Taufe deutet auch Flusser an:

So war bei der essenischen Taufe die Buße mit der Sündenvergebung und diese mit dem Heiligen Geist verbunden [...] Nachdem sie ihre Sünden bekannten, tauchten sie ihre besudelten Körper in das reinigende Wasser des Flusses ein, auf die Gabe des Heiligen Geistes harrend, der nun ihre Seelen von der Unflat des Frevels reinigen werde. Wie konnten da nicht einigen unter ihnen sonderbar pneumatisch-ekstatische Erlebnisse zuteil werden, in der Stunde, da der Geist an ihnen wirkte? [67]

Dieser Initiationsritus konnte Jesus, den ohnehin gewisse Ausstrahlungen der Essenerlehre erreicht haben dürften, bei seiner empfindsamen Natur nicht unbeeindruckt lassen. Während offenbar Tausende von Juden diesen Ritus als mehr oder weniger äußerlich über sich ergehen ließen, erfährt Jesus nach dem Zeugnis der Evangelisten seine Taufe als Mysterium und göttliche Berufung:

Es begab sich aber, als das ganze Volk getauft wurde, und auch Jesus sich
taufen ließ und betete, öffnete sich der Himmel und der Heilige Geist
schwebte in leiblicher Gestalt wie eine Taube herab auf ihn und eine
Stimme erging vom Himmel: „Du bist mein geliebter Sohn, an dir habe
ich Wohlgefallen." (Luk. 3,21 ff)

Der mit sich hadernde, unter der pharisäischen Vorstellung von einem
gebieterischen Gott leidende und in Zwietracht mit sich selbst lebende
Jesus erfährt in den Wassern des Jordan erstmals psychische Ganzheit.
Gott – so begreift er in einer plötzlichen Epiphanie – fordert ja keineswegs die Erfüllung rigider Gesetze, sondern er nimmt mich an trotz
meiner Unzulänglichkeit, trotz meiner Schwäche, trotz meiner Sündhaftigkeit. Gott fordert nicht jenes moralisch Gute, das beim besten
Willen nicht geleistet werden kann, sondern vergibt das Böse, dessen
der Mensch sich – auch ungewollt – schuldig macht.

Deutlicher kann man Jesu Erfahrung wohl kaum beschreiben; sie
war und ist ein faszinierender psychischer Vorgang, der sich mit Worten
nur sehr dürftig erfassen lässt. Nach Jungs Psychologie vollzieht sich bei
Jesu Taufe eine Integration des Schattens in das bewusste Selbst: Der
unterdrückte und als minderwertig empfundene Teil des Menschen
wird ans Licht des Bewusstseins gehoben und in die Gesamtpsyche
einbezogen. „Jenseits von Gut und Böse", auf der dritten Stufe von
Hesses Modell, der Stufe, die nach Jung die Verwirklichung des Selbst
vollbringt, erfährt Jesus im Mysterium der Taufe seine Erlösung von der
Zweigeteiltheit.

Wie von der Tiefenpsychologie häufig beschrieben, wird Jesu
Erlebnis des Selbst mythologisch als ein Wiedergeburtserlebnis darge-
stellt. Dies zeigt sich in der archetypischen Symbolik des Bibeltextes:
Das Wasser erscheint in unzähligen Träumen und Mythen als Ort der
Selbst-Erfahrung und Wiedergeburt. Jung schreibt dazu:

Jene schwarzen Wasser des Todes sind Wasser des Lebens, der Tod mit
seiner kalten Umarmung ist der Mutterschoß, wie das Meer die Sonne

zwar verschlingt, aber aus mütterlichem Schoß wieder gebiert. [...] Das Wasser [...] stellt die mütterliche Tiefe und den Ort der Wiedergeburt dar.[68]

Der „Heilige Geist" in der Gestalt einer Taube ist identisch mit Jungs „Seelenvogel" – ein kollektives Symbol für die im Zeichen der Ganzheit wiedergeborene und sich frei emporschwingende Seele. Der Jung-Schüler Joseph L. Henderson hat in seinem Essay „Der moderne Mensch und die Mythen" Vögel als „Symbole der Befreiung" und „Symbole der Transzendenz" bezeichnet.[69]

In der nämlichen tiefenpsychologischen Symbolfunktion kommen das Wasser und der Vogel später in den Erzählungen Hermann Hesses vor: Friedrich Klein (in „Klein und Wagner") erfährt seine Wiedergeburt beim Untersinken in einem Tessiner See; Emil Sinclair (im „Demian") macht einen Raubvogel zum Symbol des Selbst.

Dass das Erscheinen der Taube einhergeht mit der Stimme Gottes, lässt sich aus Jungs Psychologie gleichermaßen erklären: Die himmlische Stimme – wie die Taube – ist eine Projektion des Selbst, das Jesus von der lähmenden Wirkung seines Schattens freispricht und ihm die neugewonnene Einheit mit dem ganzen Kosmos verkündet. Von diesem Augenblick an ist Jesus ein Erleuchteter und Berufener: Sein eigenes Ich wird erleuchtet durch das es übersteigende Selbst und hört auf dessen Ruf.

Der Anklang an die Sprache Martin Heideggers, der hier festzustellen ist, kommt nicht von ungefähr: Die Philosophie Heideggers ist, psychologisch betrachtet, ein Versuch, die Natur des Selbst mittels einer bestimmten „ontologischen" Terminologie zu erläutern. Heideggers Begriff für das Selbst ist das Sein. Es ließe sich zum Beispiel anhand von Heideggers „Brief über den Humanismus"[70] leicht zeigen, dass die beiden Termini in allen wesentlichen inhaltlichen Merkmalen übereinstimmen: Integration des Bösen („... in der Lichtung des Seins erscheint das Böse"), Wertneutralität („das Denken in Werten [...] ist die größte Blasphemie, die sich dem Sein gegenüber denken lässt"),

Ausdruck durch die großen Dichter und Denker („Das Sein ist als das Geschick des Denkens"). Heideggers Begriff der „Lichtung" meint das Streben nach einer Bewusstwerdung des Selbst, während sein Terminus „Ek-sistenz" das Ideal einer wechselseitigen Durchdringung von Ich und Selbst formuliert („Das Stehen in der Lichtung des Seins nenne ich die Ek-sistenz des Menschen"). Heideggers unkritische Verklärung des Ganzheitsaspektes des Seins (d. h. des Selbst) unter Ablehnung jeder ethischen Setzung dürfte übrigens zusammen mit den rassistisch-nationalistischen Zügen seines Denkens als die wichtigste denkerische Ursache für alles Fragwürdige in seinem Leben und Werk anzusehen sein.

So zeigt Jung, dass der Individuationsprozess nach der Erfahrung des Selbst noch keineswegs abgeschlossen ist. Die Realisierung psychischer Ganzheit muss ergänzt werden durch die Herausbildung eines funktionstüchtigen Ich, das den starken Kräften des Unbewussten entgegenstehen und die Balance halten kann. Wird dieses Gegengewicht nicht geschaffen und bleibt damit das Selbst dominierend, so wird die bewusste Persönlichkeit mit den Inhalten des Unbewussten überschwemmt; es droht eine „Inflationierung des Ich".

Dieser bedenkliche Zustand wird in vielen Mythen und Hagiografien durch analoge Symbole illustriert. In den Evangelien ist er in der Legende von den Teufelsversuchungen während der vierzig Tage in der Wüste dargestellt. Indem Jesus den drei Einflüsterungen des Satans – allesamt Allmachtsphantasien (Verwandlung von Steinen in Brot, Weltherrschaft, Flug von der Zinne) – widersteht, weist er die Versuchung zur Hybris ab. Diese Versuchung hat Marie Louise von Franz als eine archetypische Gefahr für den verselbsteten Menschen beschrieben:

Die Gefahr besteht wörtlich darin, dass man zu „spinnen" anfängt. Voller Erregung glaubt ein solcher Mensch, die tiefsten Welträtsel gelöst zu haben und verliert darüber jede menschliche Anpassung. Ein sicheres Anzeichen hierfür ist der Verlust des Humors und der menschlichen Gemütlichkeit.[71]

Damit hat Jesus die letzte Prüfung bestanden und seinen Individuationsprozess beendet. Der Evangelist Lukas hebt diese Weiterentwicklung von der bloßen Erfahrung des Selbst zur Kontrolle über das Selbst
hervor: Er lässt Jesus „voll des Heiligen Geistes" aus den Wassern des
Jordan steigen und „in der Kraft des Heiligen Geistes" aus der Wüste
nach Galiläa zurückkehren" (Luk. 4,1 und 4,14).

Nicht jedem, der den Zwiespalt überwunden hat, ist dieser innersee-
lische Stabilisierungsprozess in gleichem Maße wie Jesus gelungen. Die
europäische Geistesgeschichte bietet ein gleichermaßen berühmtes wie
erschütterndes Beispiel für das Verfehlen der Balance zwischen Ich und
Selbst: Friedrich Nietzsche.

Der Einsiedler von Sils Maria fasst den Gegensatz von Ich und Selbst
in seine Vorstellung vom Apollinischen und Dionysischen: Apollo ist
der Gott des Ich und des principium individuationis; Dionysos dagegen
fungiert als Gott des Rausches und der Überwindung des Ich – also als
Gott des Selbst. Das Problem besteht für Nietzsche nun darin, dass
er in einem blindwütigen Amoklauf gegen ein als moralistisch-lebens-
feindlich verstandenes Christentum seine dionysische Interpretation
des Selbst verabsolutiert und sich damit philosophisch wie psychologisch immer weiter ins Unhaltbare verliert.

Diese Wertung des Christentums war vermutlich – auch er war ein
Pfarrersohn – eine Folge seiner Auflehnung gegen die im Elternhaus
erhaltene Erziehung. Die vollständige Ausblendung des Apollinischen
– psychologisch gesprochen: des kritischen Ich – im Spätwerk führte
schließlich zu jenem bekannten Größenwahn in „Ecce homo", der als
geradezu klinisches Dokument für eine Besessenheit des Ich durch das
Selbst gelten kann. Aufschlussreich sind solche Kapitelüberschriften:
„Warum ich so weise bin", „Warum ich so klug bin", „Warum ich
so gute Bücher schreibe", „Warum ich ein Schicksal bin" oder die
Tendenzen zur Selbstvergottung: „So leidet ein Gott, ein Dionysos";
„am 30. September großer Sieg; siebenter Tag; Müßiggang eines Gottes
am Po entlang."[72] Nietzsches Ende in der Psychose hat sich folgerichtig
aus dieser Einseitigkeit ergeben.

Auch Hesse hat nach eigenen Aussagen seine „vierzig Tage in der Wüste" erlebt. Im Jahre 1921 – also während der Niederschrift seines „Siddhartha" – bekennt er gegenüber seinem zukünftigen Schwiegervater Theo Wenger:

> Ich bin in jenem Stadium des Lebens, das bei geistig Kämpfenden unter dem Symbol der „vierzig Tage in der Wüste" dargestellt wird, nur dass die Wüste bei mir schon drei Jahre dauert und ich den Ausgang noch nicht sehe.[73]

Jesu Lehre ist daher von seinem Tauferlebnis nicht zu trennen. Sie ist der Versuch, in immer neuen Worten, Hinweisen und Gleichnissen anderen nahezubringen, was ihm bei der Taufe widerfahren ist.

Es lassen sich grundsätzlich zwei Wege unterscheiden: der Weg der Gerechtigkeit und der Weg der Gnade. Beide treffen sich in dem Ziel, das Ich (im Sinne Jungs) durch Hingabe an das Selbst zu überwinden. Dieses Ziel erkennt Hermann Hesse als allen Weltreligionen und Weisheitslehren gemeinsam.

Der erste Weg, den Jesus aufzeigt, ist der Weg der Gerechtigkeit oder der Moral, auf den die Bergpredigt führen soll. Das Ich kann durch ein absolut selbstloses und altruistisches ethisches Verhalten überwunden werden. Jesus hat eine Ethik entworfen, die, vergleicht man sie mit dem Dekalog, sich als eigenständig erweist. Er hat in der Bergpredigt die „neue Gerechtigkeit" explizit und unmissverständlich von den Zehn Geboten des Alten Testaments abgesetzt:

> Denn ich sage euch: Wenn eure Gerechtigkeit nicht weit vollkommener sein wird als die der Schriftgelehrten und Pharisäer, so werdet ihr nicht ins Himmelreich eingehen. [...] Ihr habt gehört, dass zu den Alten gesagt worden ist: Du sollst nicht töten. Wer aber tötet, der soll dem Gericht verfallen sein. Ich aber sage euch: Jeder, der seinem Bruder zürnt, soll dem Gericht verfallen sein. [...] Ihr habt gehört, dass gesagt wurde: Du sollst nicht ehebrechen. Ich aber sage euch: Jeder, der eine Frau begehrlich

anblickt, hat in seinem Herzen schon die Ehe mit ihr gebrochen. [...] Ihr habt gehört, dass gesagt ist: Aug' um Aug' und Zahn um Zahn. Ich aber sage euch: Widersteht dem Bösen nicht, sondern wer dich auf die rechte Wange schlägt, dem halte auch die andere hin. [...] Ihr habt gehört, dass gesagt ist: Liebe deinen Nächsten und hasse deinen Feind. Ich aber sage euch: Liebet eure Feinde und betet für die, die euch verfolgen [...] (Mat. 5,20ff).

Der Zweck solcher Verinnerlichung und Radikalisierung der klassisch-jüdischen Ethik scheint klar: Jesus will darauf hinweisen, dass der Einzelne weit mehr als die Befolgung der (relativ laxen) Zehn Gebote leisten muss, wenn er auf dem Wege weder Moral nach Erlösung trachtet. Wer diesen Weg einschlägt, um Gott zu erreichen, der muss – so Jesus – fähig sein, nicht bloß nach außen hin, sondern von innen her und in jeder Situation sich zu kontrollieren und das Gute zu tun. Nur dann, wenn er das fertigbringt, wird er zum überpersönlichen Selbst gelangen können. Dass eine konsequent unegoistische Ethik Feindesliebe und sogar den Opfertod einschließt, hat Jesus nicht nur vorgetragen, sondern am Ende auch vorgelebt.

Doch wusste Jesus, dass der Weg der Moral die Menschen in aller Regel überfordert. Deshalb hat er sie auf den zweiten Weg hingewiesen, auf dem der Einzelne sein Ich überwinden und zum Selbst finden kann: den Weg der Gnade. Der Hinweis in dem berühmten Gleichnis vom Pharisäer und Zöllner ist eindeutig:

Zwei Menschen gingen hinauf in den Tempel, um zu beten: Der eine war ein Pharisäer und der andere ein Zöllner. Der Pharisäer stellte sich auf und betete bei sich so: Gott ich danke dir, dass ich nicht so bin wie die übrigen Menschen: Räuber, Ungerechte, Ehebrecher, auch nicht wie dieser Zöllner da. Ich faste zweimal in der Woche, und ich gebe den Zehnten von allen meinen Einkünften. Der Zöllner aber stand weit entfernt und wollte nicht einmal die Augen zum Himmel erheben, sondern schlug an seine Brust und sprach: „Gott, sei mir Sünder gnädig". Ich sage euch: Dieser ging gerechtfertigt nach Hause, anders als jener. Denn jeder, der sich selbst erhöht, wird erniedrigt werden, wer sich selbst aber erniedrigt, wird erhöht werden. (Luk. 18,9-14).

Der zweite Weg zu Gott ist demnach, dass der Mensch sein Unvermögen erkennt, aus eigener Kraft zum Heil zu gelangen; dass er sich dafür anklagt und der Gnade Gottes überantwortet. Dabei setzt Jesus voraus, dass Gott keinen wirklich einsichtigen Sünder abweist.

Die Alternative, die dieser Interpretation der beiden Wege zum Heil zugrunde liegt, darf nicht auf den klassisch gewordenen Streit der Theologen zurückgeführt werden, ob es dem Menschen offen stehe, durch eigene Anstrengung („Werke"), das Heil zu erlangen, oder ob er dafür auf Gottes Gnade angewiesen sei. Sie beinhaltet einerseits den unvergleichlich höheren ethischen Anspruch, der in der Bergpredigt gestellt ist; andererseits wird durch Jesu Worte jener Weg zur psychischen Integration aufgezeigt, den Jesus selbst durch die Taufe beschritten hat. Gerade diesen Weg hat Jung als Integration des Schattens bezeichnet: Die Nachtseite der Persönlichkeit wird in das Ich integriert, worauf sich das Ich bewusst an die übergeordnete, rational nicht mehr völlig erfassbare Instanz, die Gott heißen mag bzw. das Selbst, überantwortet. Auch Hesse hat diese beiden Heilswege in den Evangelien angelegt gefunden. Sein „Kurgast" zeigt es deutlich.

Der in der Genesis festgelegte Dualismus von Gut und Böse, der nach Jung einer tendenziell neurotischen Mentalität Vorschub leistet, wird überwunden, eine Möglichkeit der Heilung geboten: der Weg der Gnade. Die Spaltung der Persönlichkeit, die der Gegensatz zwischen dem aus dem Sozialisationsprozess hervorgegangenen Menschen und dem an diesen gestellten, jedoch unerfüllbaren moralischen Anspruch bewirkt, ist bereits mehrfach beschrieben worden. Nach Jung ist ein neurotisches Leiden wesentlich gekennzeichnet durch eine Spaltung:

Die Neurose ist ein Zustand des Uneinigseins mit sich selbst, verursacht durch den Gegensatz von Triebbedürfnissen und den Anforderungen der Kultur, von infantiler Unwilligkeit und dem Anpassungswillen, von kollektiven und individuellen Pflichten.[74]

Jungs Definition der Neurose entspricht also dem Stadium, das Hermann Hesse in seinem Drei-Stufen-Modell als die Stufe der inneren Zwietracht und der dadurch erzeugten Verzweiflung des Betroffenen an sich selbst beschreibt.

Jesus bietet eine Möglichkeit, trotz der Teilhabe am Bösen die Ganzheit zu erfahren. Wirklich Neues begründet er damit nicht: Vor ihm hatten die Essener und Johannes der Täufer die Möglichkeit erkannt, den Schatten zu integrieren. Doch wird durch Jesus und die Apostel diese Einsicht erstmals einer breiteren Öffentlichkeit zugänglich gemacht. Jesu Botschaft richtet sich an die ganze Menschheit.

Wer die Ganzheit auf dem einen oder anderen Weg erreicht, gelangt nach Jesus ins „Himmelreich". Es ist von der christlichen Theologie kaum jemals hervorgehoben worden, dass Jesu Lehre vom Himmelreich keine Erwartung eines Jenseits meint, sondern eine Verwirklichung des Jenseits im Diesseits. Damit knüpft Jesus nahtlos an die Propheten des Alten Testaments an.

Gegen die jüdische Lehre hebt sich Jesus ab, indem er – obwohl nach christlichem Verständnis selbst der Messias – das Himmelreich, so zumindest nach Mat. 11,12, mit Johannes dem Täufer beginnen lässt:

[...] von [...] Johannes [...] an bis jetzt bricht das Königreich derHimmel durch, und Durchbrecher reißen es an sich.[75]

Dass dies auch psychologisch konsequent ist, wurde auf gezeigt. In Jesu Tauferlebnis liegt der tiefere Sinn der „frohen Botschaft" des Christentums: Heilung von der neurotischen Spaltung, Überwindung der Zwietracht, Erlösung von der Verzweiflung sind möglich. Es gibt Gnade, Vergebung und eine neue Ganzheit schon im Diesseits.

Lukas (17,20-21) berichtet:

> Als er aber von den Pharisäern gefragt wurde, wann das Reich Gottes komme, antwortete er ihnen: Das Reich Gottes kommt nicht so, dass man es berechnen könnte. Auch wird man nicht sagen: Schau hier! Oder: Dort! Denn siehe, das Reich Gottes ist mitten unter euch.

Dass Jesus mit seinem psychologischen Wissen und seiner charismatischen Persönlichkeit konkret körperliche Heilungserfolge („Wunder") erzielte, ist übrigens ohne weiteres glaubhaft. Die heutige psychosomatische Medizin ist erst langsam wieder dabei, jenes Wissen zu entdecken, das Jesus schon vor 2000 Jahren als Basis für seine „Wunderheilungen" diente: die kathartische und psychotherapeutische Anwendung seines Tauferlebnisses. Immer wieder wird in den Evangelien darauf hingewiesen, dass Jesus bei seinen Heilerfolgen sich zunächst von den Kranken ihre Sünden berichten ließ und diese dann – wie Johannes der Täufer – kraft seiner Funktion als Mittler des „Heiligen Geistes" vergab. Dass derartige Therapieformen in der Tat körperliche Gebrechen zu heilen vermögen, hat die moderne Medizin zur Genüge bewiesen.

So vertritt der Psychologe Thorvald Dethlefsen in „Krankheit als Weg"[76] die Auffassung, dass zahlreiche Krankheiten durch unbewusste psychische Konflikte bedingt und erst dann wirklich zu heilen seien, wenn die jeweils wirksamen unbewussten Faktoren – Jungs Schatten – ins Bewusstsein gehoben und vom Kranken angenommen werden. Die Krankheit wird dabei verstanden als Aufforderung des Körpers an den Geist, sich das verdrängte seelische Leiden bewusst zu machen.

In seinem Buch „Jesus – der erste neue Mann"[77] – hat Franz Alt zu Recht darauf hingewiesen, dass Jesus durch das konsequente Praktizieren seiner Liebes- und Gewaltlosigkeitsethik auch die Anima-Aspekte seiner Psyche im Sinne Jungs – also die weiblichen Anteile seiner Psyche – geradezu vorbildlich realisiert hat. Wenn Jesus dergestalt sowohl seinen Schatten als auch die Anima und sein Selbst sich bewusst gemacht und gelebt hat, so wird deutlich, dass er nach Jungs Psychologie ein vollgültiges Symbol des Selbst gewesen ist. Ein vollgültiges Symbol des Selbst hat alle grundlegenden Archetypen assimiliert und strahlt die Ganzheit durch sein Charisma aus.

Damit dürfte deutlich geworden sein, dass Jesu Weg und Lehre Zeugnis ablegt für den seelischen Prozess, den Jung als Integration des Schattens und Realisierung des Selbst bezeichnet hat. Um so erstaunlicher ist es, dass Jung diese Tatsache nicht eigentlich erkannt hat. In seinem wichtigen Aufsatz „Christus, ein Symbol des Selbst" bezeichnet er Jesus als ein unvollständiges oder zumindest einseitiges Symbol:

> Christus veranschaulicht den Archetypus des Selbst. Er stellt eine Ganzheit göttlicher oder himmlischer Art dar, einen verklärten Menschen, einen Gottessohn „sine macula peccati", der von der Sünde nicht befleckt ist. [...] Trotz alledem ermangelt das Symbol Christi der Ganzheit im modernen Sinne, indem es die Nachtseite der Dinge expressis verbis nicht mit ein-, sondern als luziferischen Gegenspieler ausschließt.[78]

Diese Bezeichnung trifft allenfalls für die von den christlichen Kirchen vertretene Auffassung zu, nach der Jesus als vollkommen „reiner" Mensch dargestellt wird. Jesus aber schließt die „Nachtseite der Dinge", den „luziferischen Gegenspieler", den Schatten keineswegs aus, sondern ist in Leben wie Lehre geradezu das Symbol für den angenommenen und als innerseelisches Prinzip integrierten Schatten. Die Forderung nach einer Integration des Schattens ist sogar die Quintessenz seiner Existenz und somit der gesamten christlichen Religiosität von Paulus bis Luther.

Mehr noch: Der Nachdruck, der auf die Integration eines moralisch begriffenen Schattens gelegt wird, ist spezifisch christliche Psychologie. Jung transportiert sie in seiner Lehre weiter, ohne dies klar zu erkennen. In jahrelanger Kleinarbeit erarbeitete er sich die Gnosis und die Alchemie als historisches Fundament seiner Lehre; dabei übersah er, dass der weitaus wichtigere, sprechendere und wirkungsmächtigere

Kronzeuge das Christentum war. Sehr wahrscheinlich ist die Erklärung darin zu suchen, dass ihm eine unvoreingenommene Würdigung der christlichen Quellen – die Unterschätzung des Schattens wirft er der gesamten christlichen Tradition vor – durch seine pastorale Herkunft verbaut war. Dies galt, wie dargelegt wurde, eine gewisse Zeit auch für Hermann Hesse. Während Hesse aber mit den Jahren wieder zu den psychologischen Einsichten des Christentums zurückfand, blieb Jung bei seinem Standpunkt. Der antichristliche Affekt – ein lebenslanges Aufbegehren gegen den Vater? – verbaute ihm den Blick.

11. Der Apostel Paulus

Der Weg des Apostels Paulus zeigt in besonders exemplarischer Weise, wie die archetypischen Gesetzmäßigkeiten des christlichen Individuationsprozesses ablaufen. Den Beginn von Paulus' Weg markiert auch wieder die strenge und jegliche Perspektive versperrende moralisch-religiöse Erziehung in der Jugend. Diese Merkmale waren im Falle Jesu wegen der fehlenden Dokumente nur mit einem hohen Grad an Wahrscheinlichkeit zu vermuten, bei Paulus sind sie nachweisbar.

Paulus wächst auf in einer pharisäischen Familie strengster Observanz, erlernt, wie üblich, das väterliche Handwerk (war Jesus Zimmermann, so wird Paulus Zeltmacher). Im Alter von 12 Jahren wird er für ein auf fünfzehn Jahre angelegtes Bibelstudium zu dem berühmten pharisäischen Lehrer Gamaliel nach Jerusalem gegeben[79]. Auf den Zusammenhang zwischen dieser pharisäischen Sozialisation und seinem späteren religiösen Fanatismus hat Paulus in der Apostelgeschichte selbst hingewiesen. Er sagt später von sich:

> Ich bin ein Jude, zu Tarsus in Zilizien geboren, hier in der Stadt erzogen und zu den Füßen Gamaliels streng nach dem väterlichen Gesetz unterrichtet. Ich war ein Eiferer für Gott, wie ihr alle es noch heute seid [...] (Apg. 22,3ff)
> Ich verschaffte mir von den Hohepriestern Vollmacht, ließ viele der Heiligen in den Kerker werfen und stimmte ihrer Hinrichtung bei. In allen Synagogen suchte ich sie oftmals durch Strafen zur Lästerung zu bewegen, und in meiner maßlosen Wut verfolgte ich sie sogar bis in die auswärtigen Städte. (Apg. 26,9ff)

Die Motive dieser „maßlosen Wut" gegen die junge christliche Gemeinde sind offenkundig: Die pharisäische Gesetzesreligion erzeugt zwangsläufig einen riesigen Schatten. Paulus erkennt ihn aber nicht als solchen, sondern projiziert ihn auf die Andersgläubigen. In diesen verfolgt und bekämpft er ihn. Indem Paulus gegen die junge Christengemeinde tobt, wendet er sich in Wirklichkeit insgeheim gegen das, was er als die eigene Unzulänglichkeit vor dem Gesetz verspürt. Er ringt mit seinem eigenen Schatten.

Den Höhepunkt dieses berserkerhaften Wütens bildet die Verfolgung und Ermordung des Heiligen Stephanus. Der Apostelgeschichte zufolge war Paulus bei dieser Gräueltat der Anführer, zumindest hat er sie ausdrücklich gebilligt. Die Schilderung setzt ein mit einer Wiedergabe der letzen Worte des Stephanus an die pharisäisch-jüdische Meute, die auf eindrucksvolle und provokante Weise jüdische und christliche Religiosität miteinander konfrontieren:

Ihr Halsstarrigen und Unbeschnittenen an Herz und Ohren! Gleichwie eure Väter, so widerstrebt auch ihr dem Heiligen Geiste. Wo war ein Prophet, den eure Väter nicht verfolgt hätten? Sie haben jene getötet, die von der Ankunft des Gerechten weissagten, dessen Verräter und Mörder ihr jetzt geworden seid." [...] Als sie das vernahmen, packte sie die Wut, und sie knirschten mit den Zähnen wider ihn. Er aber, voll des Heiligen Geistes, blickte zum Himmel auf, sah die Herrlichkeit Gottes und Jesus zur Rechten Gottes stehen und sprach: „Seht, ich sehe die Himmel offen und den Menschensohn zur Rechten Gottes stehen." Da schrien sie laut auf, hielten sich die Ohren zu und stürmten alle miteinander auf ihn los, stießen ihn zur Stadt hinaus und steinigten ihn. Die Zeugen legten ihre Kleider zu den Füßen eines jungen Mannes nieder, der Saulus hieß. So steinigten sie Stephanus, der den Herrn anrief und sprach: „Herr Jesus, nimm meinen Geist auf." Niederkniend rief er mit lauter Stimme: „Herr, rechne ihnen diese Sünde nicht an." Mit diesen Worten entschlief er. Saulus aber hatte seiner Ermordung zugestimmt. (Apg. 7,51 ff)

Es sind zwei Elemente, die diesem Ereignis seinen archetypischen Charakter verleihen: einmal das erschütternde Erlebnis einer unauslöschlichen Schuld, und zum anderen die faszinierende Einsicht, die Paulus dabei gewinnt, dass der christliche Gott ganz offenbar auch die allerschwerste Schuld vergeben kann. Nach Jung ist es das Erlebnis des

Schattens und, damit verbunden, die Einsicht, dass der Schatten in die psychische Einheit des Selbst integrierbar ist. (Jungs „Schatten" wird – dem Verständnis Hesses entsprechend – hier in die ganzheitliche Ordnung des Selbst integriert; der „luziferische Gegenspieler" bleibt also nicht ausgeschlossen.)

Die Integrierbarkeit des Schattens wird später den psychologischen Ansatz in der Theologie des Paulus bilden. Das Erlebnis des Schattens aber führt zunächst, im Verlauf desselben Jahres (36 n. Chr.)[80], zu seiner Bekehrung, als Paulus in der Absicht, die Verfolgung der im Entstehen begriffenen Christengemeinde fortzusetzen – Jesu Kreuzigung hatte erst kurz davor stattgefunden – eine Reise nach Damaskus antritt.

Nicht allein der auffällige zeitliche Zusammenhang zwischen Steinigung und Konversion, sondern auch die Darstellung des Gotteserlebnisses durch Paulus selbst unterstützt die These, dass eine Integration des Schattens stattfindet. In seiner berühmten Rede vor König Agrippa hat Paulus sein Christuserlebnis geschildert:

So zog ich mit Vollmacht und Auftrag der Hohepriester nach Damaskus. Auf dem Wege dahin sah ich, o König, am Mittag, wie vom Himmel her mich und meine Reisegefährten ein Licht umstrahlte, glänzender als die Sonne. Wir fielen alle zu Boden. Und ich vernahm eine Stimme, die auf hebräisch mir zurief: „Saulus, Saulus, warum verfolgst du mich? Es ist schwer für dich, gegen den Stachel auszuschlagen." Wer bist du Herr? fragte ich. Der Herr antwortete: „Ich bin Jesus, den du verfolgst. [...] Ich werde dich retten vor dem Volk und vor den Heiden, zu denen ich dich sende. Du sollst ihnen die Augen öffnen, dass sie sich aus der Finsternis zum Lichte, aus der Gewalt Satans zu Gott bekehren. So sollen sie durch den Glauben an mich Verzeihung der Sünden und das Erbe mit den Heiligen erlangen." (Apg. 26,12ff)

Die Weisungen und Verheißungen des visionär erfahrenen Jesus enthüllen die psychologische Bedeutung dessen, was Paulus erlebt: Nichtausschlagen gegen den Stachel, Befreiung aus der Gewalt des

Satans, Verzeihung der Sünden, das Erbe mit den Heiligen – das alles sind symbolische Umschreibungen für jenen archetypischen Integrationsvorgang, in dessen Verlauf das Ich sich dem Selbst öffnet und die Eingliederung des bedrückenden Schattens in eine größere seelische Ganzheit erfährt. Insofern ist Paulus' Bekehrung uneingeschränkt Jesu Taufe gleichzusetzen: Beide Erlebnisse beinhalten eine Integration des Schattens; sie wird in ein Gotteserlebnis hineinprojiziert und als ein Wiedergeburtserlebnis empfunden. Bei Paulus erhält die Wandlung einen besonders sinnfälligen Ausdruck durch den Namenswechsel: Aus dem Pharisäer Saulus wird der Christ Paulus.

Wie bei Jesus, so ist auch bei Paulus die Lehre vom Leben nicht zu trennen. Die Lehre – das scheint weder die Theologie noch die moderne Anthropologie ausreichend gewürdigt zu haben – beruht darauf, dass der Apostel mit einer Wahrhaftigkeit und Schonungslosigkeit ohnegleichen die letzten Ecken und Winkel der Seele ergründet. Dadurch gewinnt er Einsichten, welche die Psychologie Schopenhauers, Nietzsches, Dostojevskis, Freuds und Jungs in weiten Zügen vorwegnehmen. Die Modernität und Tiefe von Paulus' Psychologie ist geradezu atemberaubend.

Aus seinen dämonischen Lebens- und Selbsterfahrungen folgert Paulus einen tiefen Irrationalismus und Pessimismus. Er hält den Menschen für einen hoffnungslos Getriebenen, Unfreien, seinem inneren Dämon Verfallenen, selbst dann unfähig, Gutes zu tun, wenn er es aufrichtig und reinen Herzens versucht – oder richtiger: gerade dann. Die Irritation und Verzweiflung darüber, nicht „Herr im eigenen Hause" zu sein, sind kaum jemals in so erschütternder Weise geschildert worden wie in der folgenden Stelle aus dem Römerbrief:

> Was ich tue, verstehe ich nicht. Denn ich tue nicht, was ich will, sondern was ich hasse, das tue ich. [...] Ich weiß, dass in mir, d. h. in meinem Fleisch, das Gute nicht wohnt. Denn das Gute wollen, dazu bin ich bereit, aber nicht, es auszuführen. Ich tue nämlich nicht das Gute, das ich will, vielmehr, was ich nicht will, das Böse, das tue ich. [...] Ich finde also das

Gesetz, dass mir, der das Gute will, das Böse liegt. Denn ich habe dem inneren Menschen nach Freude am Gesetz Gottes. Aber ich sehe ein anderes Gesetz in meinen Gliedern, das dem Gesetz meiner Vernunft widerstreitet und mich in dem Gesetz der Sünde, das in meinen Gliedern ist, gefangenhält. (Röm. 7,15ff)

Dieses irrationale, dämonische Menschenbild ist entstanden aus der Erfahrung der Machtlosigkeit des Geistes, wenn er versucht, sich der Gewalt des Unbewussten und der Triebe zu widersetzen. Es fasst zusammen, was Paulus aus der Sicht des Pharisäers erlebt hat, und stellt den Kern dessen dar, was die spätere christliche Theologie als „Erbsünde" bezeichnet hat. Es entspricht – psychologisch betrachtet – dem, was Schopenhauer unter dem „blinden Willen" und Dostojevski unter dem „Ideal von Sodom" verstehen. In seinem Roman „Die Brüder Karamazov" lässt Dostojevski Aljoscha K. sagen:

Ein Mensch mit erhabenem Geist beginnt mit dem Ideal der Madonna und endet mit dem Ideal von Sodom. Aber noch schrecklicher ist, dass ein Mensch mit dem Ideal von Sodom in seiner Seele das Ideal der Madonna nicht aufgibt, und sein Herz kann für dieses Ideal entflammt sein, echt entflammt sein, geradeso wie in den Tagen seiner Jugend und Unschuld. Ja, der Mensch ist zu breit, wahrlich zu breit angelegt! Ich hätte ihn lieber enger![81]

Freud nennt es das „Es", Jung den „Schatten": Der Mensch ist an eine dunkle, triebhafte, vom Geist niemals uneingeschränkt kontrollierbare innere Macht ausgeliefert.

Das Radikale an Paulus ist, dass er dem Geist und dem Willen nicht die geringste Chance gegen den inneren Dämon einräumt. Paulus hält den Menschen für unausweichlich und hoffnungslos dem Bösen verfallen. Dieses Menschenbild hält sich Paulus vor Augen, wenn er, bisweilen mit diabolischer Häme, die jüdische Gesetzesreligion angreift. Aus dem irrationalen Getriebensein des Menschen zum Bösen folgert er, dass auf dem Wege von Gesetz und Moral zwangsläufig keine Erlösung zu finden sei. Paulus stellt sogar die Behauptung auf, dass Gesetz und Moral das Böse geradezu hervorbringen müssen. In seinen Briefen sind Stellen enthalten, die mit kaum zu überbietendem Zynismus die pharisäisch-jüdische Ethik und Gesetzesgläubigkeit verhöhnen:

> Was sollen wir nun sagen? Ist das Gesetz Sünde? Das sei fern! Aber ich hätte die Sünde nicht kennengelernt, wenn es nicht durch das Gesetz geschehen wäre. Ich wüßte nichts von der Begierde, wenn das Gesetz nicht sagte: „Du sollst nicht begehren!" Nachdem aber die Sünde durch das Gesetz einen Anlaß empfangen hatte, hat sie in mir jedwede Begierde geweckt; denn ohne das Gesetz wäre die Sünde tot. (Röm. 7,7ff)

Paulus spricht auf diese Weise die archetypische Erfahrung aus, dass jede verbindliche Ethik zwangsläufig die ursprüngliche Ganzheit der Seele in Gut und Böse aufspaltet – mit Jungs Worten: Ich und Schatten – und so die Grundlage für immer neue „Übertretungen" und Selbstzerwürfnisse schafft.

Auf dieses moralische Paradoxon weist auch der altchinesische Weise Laotse hin, der im 2. Spruch des „Tao-te-King" schreibt:

> Wenn auf Erden alle das Gute als Gut erkennen,
> so ist dadurch schon das Nichtgute gesetzt.[82]

Auch das wusste Paulus schon: Es gibt eine unbewusste und willentlich nicht beeinflussbare Tendenz zur Herstellung einer inneren Einheit und Ganzheit, zur Realisierung des Selbst. Nach der Psychologie Jungs wohnt dem Selbst ein innerer Ganzheitskeim inne, der den Menschen immer wieder in schicksalsträchtige Situationen führt, die das innere Wachstum zu fördern geeignet sind. Marie-Louise von Franz erläutert den Gedankengang:

Man kann das Selbst als ein inneres, wegleitendes Zentrum definieren, das nicht mit dem Bewusstsein in eins fällt und nur durch die Träume erforscht werden kann, welche anzeigen, dass es eine dauernde Ausweitung und Reifung der Persönlichkeit anstrebt.[83]

Diese Tendenz bewirkt, dass der Mensch von Zeit zu Zeit die moralischen Gesetze auch wider seinen erklärten Willen übertritt; indem er damit in die „Sünde" gerät, realisiert er unbewusst seine übermoralische Ganzheit.

Hieraus schließt Paulus, dass der Mensch nur auf dem Wege göttlicher Gnade erlöst werden kann. Weder Wille noch Gesetz vermögen jenes Wunder zu vollbringen, das der verzweifelte Saulus auf dem Wege nach Damaskus erlebte: den absoluten Freispruch von einer absoluten Schuld. Dies ist der Kern der „Frohen Botschaft" des Apostels. Mit seiner theologischen Konstruktion vom Sühnetod Jesu sucht er, sie zu begründen: Die unausweichliche und unüberwindbare Schuld unseres Lebens – die Erbsünde – ist durch Jesu Tod am Kreuz von uns genommen; Jesu Tod ist ein Zeichen göttlicher Gnade:

Denn alle haben gesündigt und ermangeln der Herrlichkeit Gottes. Sie werden nun durch seine Gnade auf Grund der Erlösung in Christus Jesus geschenkweise gerechtfertigt. [...] Er sollte die dem Gesetz Unterworfenen loskaufen, damit wir an Kindes statt angenommen werden. (Röm. 3,23 und Gal. 4,3)

Die theologische Bedeutung von Paulus liegt in der Einführung der Erbsündenlehre und in der Reduktion der beiden evangelischen Erlösungswege auf den einzigen Weg der Gnade. Psychologisch und mit Jung gesprochen, besteht Paulus auf dem archetypischen Charakter des Schattens; zudem erkennt er, dass der daraus resultierende Zustand der Verzweiflung (im doppelten Sinne des Wortes) nur durch ein unwillkürliches, vom Bewusstsein nicht herbeizuführendes Erlebnis des Selbst aufzuheben ist.

Diese psychologische Gesetzmäßigkeit von der autonomen Manifestation des Selbst unterstreicht Paulus – wie später auch Augustinus – durch seine theologische Prädestinationslehre:

> Wir wissen auch, dass mit denen, die Gott lieben, Gott in allem mitwirkt zum Guten, mit denen, die nach seinem Ratschluss berufen sind. Denn die er vorhererkannte, hat er auch vorherbestimmt, dem Bild seines Sohnes gleichgestaltet zu werden. [...] Die er aber vorherbestimmt hat, hat er auch berufen; die er aber berufen hat, hat er auch gerechtfertigt; und die er gerechtfertigt hat, hat er auch verherrlicht. (Röm. 8,28ff)

Damit wird Paulus – deutlicher als Jesus – zum ersten großen Kronzeugen des Individuationsprozesses im Sinne von Hesse und Jung.

Es ist übrigens nur folgerichtig, dass Paulus keine eigentliche Ethik mehr begründet, sondern seinen Briefen an die frühchristlichen Gemeinden nur noch „Ermahnungen" nachstellt. Denn seine Theologie und Psychologie bedeuten die Aufhebung aller Moral. Die kirchliche Exegese hat dies in aller Regel zwar zu vertuschen gesucht; Paulus selbst wird immer merkwürdig verlegen, wenn er in seinen Selbstreflexionen auf diese Folgerung stößt; er findet aber außer dem drolligen „Das sei fern!" keine eigentliche Begründung, warum seine Theologie die Moral nicht aufheben sollte.

In dieser Entdeckung eines übermoralischen Weges zum Selbst, der das Vorhandensein des Bösen bejaht und die ewige Unzulänglichkeit des Menschen nicht mehr aufzuheben sucht, sondern das Heil geradezu davon abhängig macht, dass das Böse und die menschlichen Unzulänglichkeit angenommen werden, liegt die Bedeutung des Apostels für die abendländische Kunde vom Menschen: Mit Paulus beginnen – zumindest theoretisch – auf der christlichen Seite die Überwindung der dualistischen jüdischen Anthropologie und die ganzheitliche Legitimation des empirischen Menschen.

12. Der Kirchenvater Augustinus

Die folgenden zwei Kapitel sollen zeigen, dass die archetypischen Gesetzmäßigkeiten des Individuationsprozesses, die sich in Paulus' Leben und Lehre nachweisen lassen, auch für Augustinus und Luther Gültigkeit haben. Auf diese Weise lässt sich für den christlichen Heilsweg eine ununterbrochene Kette aufzeigen, die vor dem Hintergrund des Genesis-Mythos über Jesus und Paulus bis hin zu Jung und Hesse reicht.

Diese beiden Kapitel bringen inhaltlich nur wenig Neues. Sie zeigen hauptsächlich die diachrone Gültigkeit des bereits Beschriebenen. Sie fallen dementsprechend knapp aus. Dem Psychogramm des Augustinus wurde die Monographie von Ernst Sandvoss[84] zugrunde gelegt. Für Luther wurden die von Hanns Lilje und Richard Friedenthal verfassten Biografien verwendet.[85]

Das Leben des Augustinus lässt sich problemlos in die bislang entwickelten Kategorien des archetypischen christlichen Heilsweges einordnen. Auch in seiner Kindheit stößt man auf das durchgängige Merkmal einer strengen moralisch-religiösen Erziehung, die bei Jesus zu vermuten war und bei Paulus nachgewiesen werden konnte. Sandvoss zufolge bewirkte insbesondere die sexuelle Repression, die von seiner Mutter ausging, dass die Erziehung die Persönlichkeit des Augustinus beschädigte:

> Indem Monika ihrem Sohn immer wieder erklärte, dass sexuelle Betätigung verwerflich sei, dürfte sie maßgeblich zur Stärkung seines Schuldbewußtseins in dieser Hinsicht beigetragen haben.[86]

Diese und weitere restriktive Vorschriften der strenggläubig-bigotten Mutter führten dazu, dass der junge Augustinus das generelle Schuldbewusstsein entwickelte, das, wie mehrfach festgestellt worden ist, zum christlichen Gotteserlebnis prädisponiert. In seinen „Bekenntnissen" schreibt Augustinus rückblickend:

Wer bringt mir die Sünde meiner Kindheit in Erinnerung? Denn vor dir ist keiner rein von Sünde, auch kein Kind, dessen Leben auf Erden nur einen Tag dauert.[87]

Der Heranwachsende versucht, seinen Schatten zu integrieren; von den verinnerlichten mütterlichen Normen vermag er sich jedoch nicht zu befreien. Er schließt sich einer randalierenden Studentengruppe an, geht eine dreizehn Jahre während Gemeinschaft mit einem einfachen Mädchen ein, studiert weltliche Philosophen.

Die fortgesetzte Auflehnung gegen die von der Mutter vertretene Moral bringt Augustinus jedoch nicht, was er sucht. Das Ergebnis sind Schuldgefühle und die Einsicht, sein Leben habe keinen Sinn. Sandvoss bezeichnet das Erlebnis der Sinnlosigkeit, das Erlebnis der Schuld und das Erlebnis Gottes als die grundlegenden Erfahrungen von Augustinus' Jugend. Dieses Erlebnis Gottes sucht Augustinus in der Hinwendung zur gnostischen Sekte der Manichäer. Sie scheint ihm geeignet, die anerzogene polare Selbst- und Weltinterpretation zu bestätigen und deren Überwindung durch geistige Erkenntnis zu ermöglichen. Doch vermag ihn die Lehre der Manichäer nur für kurze Zeit zu befriedigen.

Eines Tages macht auch Augustinus die Erfahrung, die schon Paulus auf das Tiefste irritiert und schließlich in die Verzweiflung gestürzt hatte: Der Geist ist nicht „Herr im eigenen Hause", er ist zu schwach, zu ambivalent, um dem Menschen jenen Halt, jene Einheitlichkeit und Ganzheit zu vermitteln, die eine wahrhaftige, verantwortungsbewusste und sinnvolle Lebensführung erfordert. In den „Bekenntnissen" klingt dies so:

Der Geist gebietet dem Körper, und der gehorcht sogleich: der Geist gebietet sich und findet Widerstand. Der Geist befiehlt, dass sich die Hand bewegt, und der Vorgang erfolgt mit solcher Leichtigkeit, dass Befehl und Vollzug kaum zu unterscheiden sind: und der Geist ist doch Geist, während die Hand Körper ist. Der Geist gebietet hingegen dem Geist zu wollen, also sich selbst, keinem anderen, und er tut es trotzdem nicht. [...] Es ist also keine Ungereimtheit, teils zu wollen, teils nicht zu wollen, sondern ein Leiden des Geistes, der, sobald ihn die Wahrheit emporhebt, sich nicht als ein ganzer aufrichtet, weil ihn die Gewohnheit zu sehr belastet. Es gibt also zwei Willen, weil keiner von ihnen ganz ist, und was dem einen fehlt, der andere besitzt.[88]

Was Augustinus hier beschreibt, hat die moderne Tiefenpsychologie in allen Einzelheiten bestätigt. Die Erforschung des Unbewussten hat, wie sich zeigt, eben nicht erst mit Freud begonnen. Die paulinisch/augustinische Entdeckung des gespaltenen Willens haben Sigmund Freud und C. G. Jung, offenbar ohne von solchen Vorgängern Kenntnis zu nehmen, als die „Ambivalenz der Gefühle" bzw. als das „kompensatorische Verhältnis zwischen Ich und Unbewusstem" bezeichnet. Damit meinen sie dasselbe wie Augustinus: Auf der Bewusstseinsebene – vom Ich her gesehen – gibt es für den Menschen keine Ganzheit, weil immer der riesige Bereich des Unbewussten mit seinen ganz anders gearteten Gefühlen, Trieben und Bedürfnissen dagegen steht. Sagt das Ich A, so sagt das Unbewusste B, weil die Psyche letzten Endes immer die Tendenz zur Herstellung einer möglichst umfassenden Ganzheit hat. Ein Mensch, der in solche Tiefen der Selbst-Erkenntnis dringt, kann auf die Dauer eine derart elementare Gespaltenheit nicht aushalten. Er verfällt in einen hochneurotischen Zustand, der dringend Heilung verlangt.

Sandvoss lässt allerdings trotz gegenteiliger Ahnungen aufgrund seiner Anhänglichkeit an den freudschen Neurosebegriff eine derartige Diagnose bei Augustinus nicht gelten:

Wäre er nichts anderes als ein Neurotiker gewesen, jemand, der seinem Ödipus-Komplex erlag, ein Mann mit schlechten Nerven, wie ließe sich dann seine ungeheure Wirkung auf die Geistesgeschichte des Abendlandes [...] erklären?[89]

Diese Äußerung übersieht, dass sich Augustinus' Gemütszustand zum damaligen Zeitpunkt nach Jungs Kriterien durchaus als Neurose diagnostizieren lässt; Augustinus'ungeheure Wirkung lässt sich u.a. daraus erklären, dass seine Persönlichkeit – wie die ganze hier beschriebene Traditionslinie – die exemplarische Heilung einer Neurose durch die Erfahrung des Selbst darstellt. Die Persönlichkeit und Lehre des Augustinus verkörpern wie die von Jesus, Paulus, Luther, Jung und Hesse eine kollektive Sehnsucht: die Erfahrung des Selbst.

Kennt man diese Vorbedingungen, so versteht man auch, wie die paulinischen Briefe für Augustinus auf dieser Stufe des Individuationsweges zur Quelle der höchsten Offenbarung werden können. Sie sagen ihm genau das, was er braucht: Alles Schattenhafte, Böse, Widersacherische in ihm, alles, worunter er leidet und was er bekämpfen und ausmerzen will, braucht er gar nicht zu bekämpfen und auszumerzen, denn es ist ein unausrottbarer, archetypischer Bestandteil der menschlichen Seele – eine Fortwirkung der „Erbsünde". Er, Augustinus, ist persönlich gar nicht dafür verantwortlich. Er soll es nur einsehen, anerkennen, und darüber hinaus wissen, dass Jesus Christus für eben dieses Böse am Kreuz gestorben ist. Er soll wissen, dass er damit kraft der unermesslichen Gnade Gottes von allem Bösen freigesprochen ist.

So findet der mit sich selbst Zerfallene auf dem Höhepunkt seiner Verzweiflung über die Paulus-Lektüre zu seinem Erleuchtungserlebnis, das er in den „Bekenntnissen" wie folgt beschreibt:

Als vollends durch das tiefe Nachdenken mein ganzes Elend aus dem verborgenen Grunde auftauchte und sich vor dem Blick meines Herzens türmte, da ist ein ungeheurer Sturm aus mir hervorgebrochen, und ein ungeheurer Tränenstrom begleitete ihn. [...] Und siehe, da hörte ich aus dem Nachbarhaus eine Stimme, als ob ein Knabe oder auch ein Mädchen in singendem Ton immer wiederholte: „Nimm, lies, nimm, lies." Die Tränenflut war zurückgedämmt, ich erhob mich und begriff nur das eine, dass mir göttlich befohlen war, ein Buch zu öffnen und darin das erste Kapitel zu lesen, auf das ich stoßen würde. [...] Ich kehrte daher eiligst an

den Platz zurück, wo [...] ich den Band der Paulusbriefe liegen lassen, als
ich aufgestanden war. Ich nahm ihn zur Hand, öffnete und las schweigend
den Absatz, auf den meine Augen zuerst gefallen sind: „Nicht in Fressen
und Saufen, nicht auf Lagerstätten und Unzüchten, nicht in Streit und
Mißgunst; sondern zieht an den Herrn Jesus Christus und pflegt den Leib
nicht zur Erregung der Begehrlichkeit." Weiter wollte ich nicht lesen, und
es war auch nicht nötig, denn mit dem Ende dieses Satzes waren, als sei das
Licht der Gewißheit in mein Herz gedrungen, alle Schalten des Zweifels
im Augenblick zerstoben.[90]

Das Paulus-Zitat ist nicht allzu charakteristisch; die auf diesem Erlebnis
beruhende Lehre des Augustinus mit ihren drei Grundpfeilern der
Erbsünde, der Gnade und der Prädestination aber macht unübersehbar
deutlich, was ihm an Paulus wichtig geworden ist: Es ist – psychologisch gesprochen – die Lehre von der Existenzialität und Kollektivität
des Schattens („Erbsünde"), von der Dennoch-Ganzheit des Menschen
(„Gnadenlehre") und von der autonomen Manifestation des Selbst
(Prädestinationslehre).

Damit reproduziert und perpetuiert Augustinus die grundlegenden
Erfahrungen und Erkenntnisse von Paulus; er bildet ein wichtiges Glied
in der Kette vom Urchristentum zur Moderne.

13. Martin Luther

Auch das Leben Martin Luthers weist die archetypischen Strukturen des christlichen Heilsweges auf. Der moralische Drill und die Repressionen, die Luther im Elternhaus erfährt, scheinen sogar noch prägendere Kraft erlangt zu haben als bei seinen großen Vorgängern und Vorbildern. Richard Friedenthal schreibt dazu in seiner Monographie:

> Luther hat bei allem Respekt vor seinen Eltern bitter darüber geklagt, wie er gnadenlos geprügelt wurde wegen der geringsten Vergehen; das Mausen einer Nuss genügte, dass die Mutter ihn blutig schlug, der Vater strafte ihn bei ähnlicher Gelegenheit so, dass er ihn „floh und ihm gram ward".[91]

Friedenthal vermutet auch, dass eine derartige Erziehung das psychologische Fundament für Luthers spätere Theologie gelegt haben muss:

> Das Bild eines unbarmherzigen Richters, als welches auch der Vater im Himmel nach allgemeiner Anschauung vor gestellt wurde, befestigte sich, der Gedanke, auf „Gnade und Ungnade" ausgeliefert zu sein und sich weder auf Wohlverhalten noch Verdienste berufen zu können.[92]

Zwei Folgen dieser Erziehung wurden in der Tat bestimmend für den jungen Luther: zum einen das Gefühl abgrundtiefer Sündhaftigkeit und Schuld, zum anderen die Meinung, vor einem unbarmherzigen göttlichen Richter zu stehen, der nach einem strengen Gesetz urteilt. Dieses Lebensgefühl des jungen Luther entspricht ziemlich genau jener Atmosphäre, die auch Franz Kafka in seinen Erzählungen und Romanen immer wieder schildert, etwa in „Das Urteil" oder „Der Prozess". Kafka verkörpert die typische Mentalität der hier angeführten Religionsstifter vor ihrem Gotteserlebnis samt der charakteristischen frühkindlichen Deformation. Friedenthal zitiert eine Stelle aus Kafkas Tagebuch, in der er völlig zu Recht die Empfindungen des jungen Luther ausgedrückt sieht:

Ich bin sündig bis in alle Winkel meines Wesens [...] selbst schon das Gespräch mit anderen Menschen verunreinigt.[93]

So macht Luther die gleiche psychische Erfahrung wie Jesus, Paulus und Augustinus vor ihrem Gotteserlebnis: Die strenge moralisch-religiöse Erziehung erzeugt einen riesigen Schatten, der zunächst nicht in die Gesamtpersönlichkeit integriert werden kann und deshalb den Grundstein für Schuldgefühle und eine tendenziell neurotische Persönlichkeitsentwicklung legt. Friedenthal sieht die Problematik der Neurose bei Luther und anderen „religiösen Genies" bedeutend unvoreingenommener als etwa Sandvoss bei Augustinus:

Luther hat zweifellos, und nicht nur im Kloster, an schweren Anfällen psychopathischer Natur gelitten. Es würde nicht leicht fallen, irgendeinen genialen Menschen, geschweige denn auf religiösem Gebiet, zu zitieren, der nicht solche Züge aufwiese.[94]

Vermutlich haben Luthers stets latente Schuldgefühle die Basis für jenes berühmte Gelübde gebildet, als er, auf offenem Feld beinahe von einem Blitz getroffen, den Schwur ablegte, nach seiner Errettung das Studentenleben aufzugeben und ins Kloster zu gehen. Auch Lilje und Friedenthal nehmen das Motiv der Angst vor der Sünde an.[95] Der innerlich Zerknirschte hat diesen Zwischenfall als eine Mahnung Gottes gedeutet.

Die Tiefe seiner Empfindung und die Ernsthaftigkeit seiner Natur bewirken, dass Luther allen elterlichen Einwendungen zum Trotz an seinem einmal gefassten Vorsatz festhält. Er ahnt, dass er ein neues Leben beginnen muss, wenn er „heil" werden will. Aber auch im Kloster wird er seine Schuldgefühle nicht los – sein Schatten folgt ihm, was immer er tut. Selbst ein geradezu manisches Beichten – bisweilen soll er schon wenige Minuten nach der letzten Aussprache um eine neue Audienz gebeten haben – hilft ihm nicht viel weiter. Das weise Wort seines Mentors Staupitz: „Nicht Gott grollt euch – Ihr grollt Gott" versteht er nicht oder er kann es so nicht annehmen. Die Entwicklung spitzt sich zu auf das eine große Problem, das er später in seiner charakteristischen Art so formuliert:

> Im Kloster gedachte ich nicht an Weib, Geld oder Gut, sondern das Herz zitterte und zappelte, wie Gott mir gnädig würde?[96]

Auch für den schwierigen Mönch und Gottsucher Martin Luther mussten daher die Briefe des Paulus den entscheidenden Durchbruch bringen: Paulus' Lehre von der Unvermeidbarkeit des Bösen und der Dennoch-Rechtfertigung des Sünders durch die göttliche Gnade bietet Luther auf dem Höhepunkt seiner inneren Zwietracht und Verzweiflung die Legitimation für die Integration des Schattens und das Erlebnis der übergeordneten Ganzheit des Selbst. Luther hat den Augenblick festgehalten, da ihm über der Lektüre des Römerbriefes die entscheidende Erkenntnis kam – sein „Turmerlebnis":

> Wiewohl ich als ein untadeliger Mönch lebte, verspürte ich doch unruhigen Gewissens, dass ich vor Gott ein Sünder sei, und dass ich mich nicht darauf verlassen könnte, durch meine eigene Genugtuung versöhnt zu sein. Ich liebte nicht nur nicht – nein, ich haßte den gerechten Gott, der die Sünder straft. [...] So tobte ich in meinem wilden und verwirrten Gewissen und bemühte mich ungestüm um jene Stelle bei Paulus, von der ich brennend gern gewußt hätte, was St. Paulus wolle. Bis Gott sich erbarmte, und ich, der ich Tag und Nacht nachgedacht hatte, den Zusammenhang der Worte begriff, nämlich: Gerechtigkeit Gottes wird offenbar in dem, was geschrieben steht: der Gerechte wird aus dem Glauben leben. Da fing ich an, die Gerechtigkeit Gottes zu verstehen, durch die der Gerechte als durch ein Geschenk Gottes lebt, nämlich aus dem Glauben heraus. [...] Und so sehr ich vorher die Gerechtigkeit Gottes gehaßt hatte, so viel mehr nun hob ich dies süße Wort in meiner Liebe empor, so dass jene Stelle bei Paulus mir zur Pforte des Paradieses wurde?[97]

Die Gerechtigkeit Gottes besteht nicht darin, dass er den Sünder bestraft, sondern darin, dass er jedem wahrhaft Einsichtigen seine Missetaten vergibt: Das ist für Luther die entscheidende Einsicht, die er von Paulus bezieht. „Gott macht Sünder gerecht": Der Kern der „Frohen Botschaft" des Evangeliums, den Paulus so instinktsicher erkannt und herausgearbeitet hatte, ist Luther in jener denkwürdigen Stunde im Turm zu Wittenberg zum inneren Erlebnis geworden. Damit ist der von seinem Schatten verfolgte, heillos mit sich selbst zerfallene Neurotiker zu einem potenziellen Heiligen geworden: Sein Leiden ist geheilt.

Luther hat es sich damals wohl selbst nicht träumen lassen, in welchem Maße sein „Turmerlebnis" Geschichte machen sollte. Denn obgleich er nichts anderes lehrte als Paulus – das rettungslose Verfallensein des Menschen an die „Erbsünde" sowie die Erlösung durch den Glauben („sola fide") und die Gnade Gottes („sola gratia"), löste die Veröffentlichung seiner Erkenntnisse eine europäische Revolution aus. Allzu gründlich waren die alten Wahrheiten vergessen worden.

14. Buddha

Wie bei Jesus, so sind auch bei Buddha alle Fakten über seinen Heilsweg
in die Form einer Legende eingekleidet. Damit erhebt sich auch in
seinem Fall die Frage nach der objektiven Zuverlässigkeit dieser Fakten
und mithin das Problem, ob überhaupt irgendwelche gültigen und gesi-
cherten Interpretationen seines Lebenslaufes geboten werden können.

Dieser Einwand mag für eine historisch-kritische Untersuchung von
Bedeutung sein – für eine Deutung der buddhistischen Legende nach
Jung ist er es nicht. Denn selbst dann, wenn der unwahrscheinliche Fall
zuträfe und die hier betrachteten Grundstrukturen seines Lebens sich
mit der historischen Wahrheit überhaupt nicht deckten, so könnten
dennoch deren einzelne Bausteine nach Jungs Psychologie als ein
charakteristischer Ausdruck für das indische Bewusstsein und die spezi-
fische Form der buddhistischen Religiosität gelten. Die Legende wäre
sodann Ausdruck einer archetypischen psychologischen Projektion der
Hagiographen anstelle einer archetypischen historischen Wahrheit. Da
nach Jung diese beiden Pole – namentlich im Grundgerüst der Legende
– sich notwendigerweise annähern, kann hier die Frage nach dem
Wahrheitsgehalt der Legende außer Betracht bleiben.

Der nachfolgenden Darstellung werden die zwei Monographien von
Maurice Percheron und Johannes Lehmann zugrunde gelegt.[98]

Der Legende zufolge ist Buddha ein Königs- oder Fürstensohn. Er
erlebt eine wohlbehütete, materiell gut versorgte, wenn nicht gar luxu-
riöse Kindheit und Jugend.[99]

Er genießt eine aristokratische Erziehung, zeigt früh eine hohe Bega-
bung, heiratet eine standesgemäße Frau und gründet eine Familie. Aber
je älter er wird und je glänzender sich sein sichtbares Glück gestaltet,
desto größer werden seine innere Unzufriedenheit und Unrast. Auf
einem seiner ruhelosen Gänge in die nahe Provinzhauptstadt Kapila-
vastu begegnet er seinem persönlichen Schatten, wie es in der Legende
von den vier Ausfahrten so sprechend beschrieben ist. (Jung hat immer
wieder darauf verwiesen, dass der Schatten individuelle und völlig

verschiedene Züge trägt, aber immer das verdrängte Gegenstück zur bewusst gewählten Lebensform enthält.)

Auf der ersten Ausfahrt begegnet Buddha einem alten, hinfälligen Mann, dessen Körper von 80 Lebensjahren vollkommen ausgezehrt ist.

Auf der zweiten Ausfahrt erblickt Buddha einen Pestkranken, der am Rande der Straße liegt und vor Schmerzen weint und schreit.

Auf der dritten Ausfahrt sieht Buddha einen Leichenzug, der einen Toten zur Verbrennungsstätte bringt.

Und auf der letzten Ausfahrt trifft Buddha einen Mönch, der mit einer Almosenschale umherzieht und seine Nahrung erbettelt.

Die psychologische Bedeutung dieser symbolträchtigen Begegnungen ist klar: Buddha begegnet dem Alter, der Krankheit, dem Tod und damit jenen grundlegenden Daseinsmächten des Leidens und der Vergänglichkeit, die bislang von seiner Existenz ausgeschlossen waren. Sie stehen für das Unangenehme und Verdrängte in seinem Leben und können deshalb als voll gültige Manifestationen des Schattens verstanden werden.

Buddha ist im Innersten getroffen. Erschüttert begreift er, dass auch er von diesen grundlegenden Lebensgesetzen nicht verschont bleiben wird. Nach der Legende äußert er sich wie folgt dazu:

Mir kam der Gedanke: Auch ich bin dem Altern unterworfen und von des Alters Macht nicht frei. Auch ich bin der Krankheit unterworfen und von der Krankheit Macht nicht frei. Auch ich bin dem Tode unterworfen und von des Todes Macht nicht frei. Indes ich so bei mir dachte, schwand mir aller Lebensmut, der dem Leben innewohnt.[100]

Diese Begegnung mit der Schattenseite seiner bisherigen Existenz – und vielleicht der indisch-subtropischen Lebensfreude überhaupt – muss bei Buddha als das archetypische Ausgangsleid seines Individuationsprozesses angesehen werden. Es ist jener Zustand der inneren Zwietracht und der Verzweiflung, der im jüdisch-christlichen Kulturkreis in der Regel als moralisches Dilemma erfahren wird. Hier wie dort bildet er den Anstoß, eine neue und höhere psychische Ganzheit herzustellen.

Dieser Aufforderung begegnet Buddha während seiner vierten Ausfahrt in der Gestalt des Mönchs. Dieser verkörpert die Integration von Vergänglichkeit und Leid; er wird damit für Buddha zu einem Symbol des Selbst. Von nun an wird Buddha nicht mehr aufhören, diesem Vorbild nachzueifern.

Buddha verlässt seine Familie, um wie der Wanderasket Wahrheit und Erlösung zu suchen. Zunächst schließt er sich einer der Asketenschulen in der Nähe an, aber weder diese noch die altüberlieferten Lehren und Riten der Brahmanen vermögen ihm das zu geben, was er sucht. In diesem Stadium seines Individuationsweges macht Buddha jene Erfahrung, die Hesse auch seinen Siddhartha machen lässt: Keine Lehre und kein Ritus der Welt kann jene höchste Einsicht vermitteln, nach der er sich sehnt; es muss ein Erlebnis sein, das sich jedem bloß theoretischen und mechanischen Zugriff entzieht, ein Erlebnis, das auf dem Wege der überlieferten religiösen Riten nicht zu gewinnen ist.

Nun zieht Buddha die Konsequenzen daraus und gründet eine Einsiedelei am Fluss, in der er in sechsjähriger Einsamkeit mittels der verschiedensten Meditations- und Asketechniken den inneren Durchbruch zu erzwingen hofft. Aber auch dieser Versuch scheitert. Bis zum Skelett abgemagert und als ein körperlich wie geistig gebrochener Mann kehrt er in die menschliche Gemeinschaft zurück, hinfort nicht mehr an Erlösung glaubend. Der künftige Buddha scheint gescheitert.

Diesen Zusammenhang zwischen der Aufgabe des Willens zur Erlösung und dem letztendlichen Durchbruch hat der psychologisch geschulte Lehmann erkannt und mit der gebührenden Deutlichkeit hervorgehoben:

Nun kam dem Siddhartha die entscheidende Erkenntnis von dem neuen Weg zur Erleuchtung ja gerade eben nicht während einer solchen Übung, sondern erst, nachdem er alle Bemühungen aufgegeben hatte.[101]

Buddha macht eine drollige, aber nur scheinbar paradoxe Erfahrung: Eines Abends, als er längst alle Askese und Meditation aufgegeben hat und in seiner neuen Resignation gerade unter einem Feigenbaum Rast hält, überfällt ihn, völlig ungesucht und unvermittelt, die entscheidende Erkenntnis. Woran er viele Jahre alle seine körperliche und geistige Selbstdisziplin und alle seine Willenskraft vergeblich verschwendet hatte, fliegt ihm am Ende seiner Bemühungen von selbst zu: Buddha erkennt die Ursache des Leidens und den Weg zu seiner Aufhebung. Buddha findet Erlösung.

Dieser Vorgang ist keineswegs ungewöhnlich: er entspricht geradezu einer archetypischen, offenbar in allen Kulturkreisen gültigen psychologischen Wahrheit. Buddhas Askese- und Meditationsbemühungen entsprechen dem Weg der Moral im christlich-jüdischen (und übrigens auch mohammedanischen) Kulturkreis: Versuche, die Einheit und Ganzheit der Person mittels des Ich-Bewusstseins und des Willens zu erzeugen. Alle psychologische Erfahrung spricht nun aber dafür, dass es so eben nicht geht.

Wie ausführlich gezeigt wurde, mussten sowohl Jesus als auch Paulus, Augustinus und Luther auf dem Wege der Moral und des Willens scheitern. Ihre Erlösung bestand gerade darin, dass sie einen höheren Willen erfuhren und sich diesem anheimgaben.

Jungs Psychologie hat dafür eine relativ einfache Erklärung: Das Selbst – der Ganzheits- und Einheitsaspekt der Persönlichkeit – ist tief im Unbewussten verankert; es kann deshalb von dem weitaus kleineren und in seinen Möglichkeiten sehr beschränkten Ich nicht durch einen Willensakt in Anspruch genommen werden. Jung schreibt:

> Wie ich [...] andeutete, ist der stolze Anspruch auf Selbstbefreiung nicht ohne weiteres zu realisieren; denn man kann diese unbewußten Kompensationen nicht willentlich hervorrufen; man muss hoffen, dass sie vielleicht produziert werden.[102]

Das Selbst manifestiert sich nur autonom, meist nur kurzzeitig und in kaum vorhersehbaren Situationen. Im Christentum zeigen sich diese Aspekte im Gnadenerlebnis der verschiedenen Heiligen, im Buddhismus in Buddhas unwillkürlichem Erleuchtungserlebnis. Die psychologische Gemeinsamkeit zwischen Christentum und Buddhismus besteht trotz aller sonstigen Verschiedenheiten gerade darin – das erkannten sowohl Hesse als auch Jung – dass Erlösung und Befreiung nur durch Überwindung des Ich und Erfahrung des Selbst erreicht werden. Lehmann erklärt diesen zentralen Sachverhalt im Hinblick auf Buddha so:

> [...] seelische Entwicklung kann man nicht durch Willensakte herbeiführen, sondern höchstens verhindern. Jedes krampfhafte „ich will" und „ich muss" blockiert den psychischen Heilungsprozess. Nicht in der Anspannung, sondern nur in der Entspannung kann sich etwas lösen.

> [...] ein solcher „Einfall" ist aber nichts als das Endprodukt eines unbewußten Klärungsvorganges, der erst dann ins Bewußtsein aufsteigen kann, wenn dieses nicht mehr durch bewußte Willensakte blockiert ist.

> [...] Er hatte, wie andere Asketen auch, über der gewaltsamen Konzentration die notwendige Entspannung vernachlässigt, weil man sie ihm nicht beigebracht hatte.[103]

Dass Buddha dies niemand „beibrachte", ist weiter nicht verwunderlich, gibt es doch gerade in Indien eine signifikante Tendenz zur Überschätzung der Bedeutung von Wille und Erkenntnis für die Erlösung, während die christliche Gnadenlehre von jeher darauf beharrt, dass die höchste Einsicht unabhängig vom Willen gewonnen wird. Jung weist darauf hin:

> Es ist seltsam, dass die östliche Philosophie auf diesen höchst wichtigen Faktor fast nicht zu achten scheint. Und es ist gerade diese Tatsache, die den westlichen Gesichtspunkt psychologisch rechtfertigt. Die westliche

Psyche scheint ein intuitives Wissen zu haben von der Abhängigkeit des Menschen von einer dunklen Macht, die mitwirken muss, wenn alles gutgehen soll.[104]

Mit dem „westlichen Gesichtspunkt" meint Jung hier die christliche Gnadenlehre. Buddha musste erst durch eigene Erfahrung lernen, dass es eine Grenze für den menschlichen Willen gibt und dass diesem gerade die höchsten geistigen Erlebnisse verschlossen sind.

Inzwischen hat freilich auch der Osten diesen Sachverhalt in seiner ganzen Bedeutsamkeit erkannt und im Zen-Buddhismus – einer chinesisch-japanischen Weiterentwicklung des Buddhismus – eine ganze Reihe von Initiationsriten entwickelt, die alle auf der Untauglichkeit jeglicher Lehre, dem transrationalen Charakter des Selbst und der Autonomie seiner Manifestation beruhen.

Wie die christliche, so signalisiert auch die buddhistische Legende, dass mit der Erfahrung des Selbst der Individuationsprozess noch keineswegs abgeschlossen ist. Sie fasst es auch im nämlichen Symbol der Teufelsversuchung. Nach Percheron hatte Buddha drei Versuchungen zu überstehen:

Vier Wochen lang verharrte der Buddha nach der Legende auf seinem Sitz und durchzog im Geiste die Welt. Aber Mara, der Teufel, trachtete immer noch danach, ihn von seinem Ziele abzuhalten. Er schickte ihm drei schöne Mädchen, die ihn ablenken sollten. Aber ein einziger Blick aus den Augen des Erleuchteten ließ ihre Schönheit welken. Nach diesem Misserfolg versuchte Mara, den Buddha mit dem Versprechen der Herrschaft über die ganze Welt zu verlocken, und als auch das nichts nützte, suchte er ihm zu suggerieren, er solle doch, da die Ursache des Leids in der Welt ja nun erkannt sei, sofort in das Nirvana eingehen. Und damit berührte Mara einen heiklen Punkt. Der Buddha überlegte in der Tat, ob er die von ihm gefundene Erkenntnis weitergeben solle. Würde er verstanden werden? Würde es ihm gelingen, das Unaussprechliche in Worte zu fassen? Er verglich im Geiste die Seligkeit des auf ihn wartenden Nirvana mit dem, was er imstande sein würde, den Menschen zu bringen, und entschloss sich endgültig, ein Buddha für alle, nicht nur für sich selbst, zu werden und dafür zu wirken, dass auch die anderen Menschen die „Befreiung" fänden.[105]

Die drei Versuchungen stehen für die drei größten Gefahren nach dem Erlebnis des Selbst: den Verfall in Sinnlichkeit und moralische Indifferenz; Hybris und Selbstvergottung (als negatives Beispiel Nietzsche, als positives Jesus); das selbstgenügsame Verharrenwollen im Selbst („Nirwana"), Indem Buddha alle drei Versuchungen zurückweist und sich zur pädagogischen Wirkung unter wissentlichem Verzicht auf das Nirvana entschließt, meistert er die dunklen Aspekte des Unbewussten und vollendet seinen Individuationsprozess in der Behauptung des Ich gegen das Selbst. Buddha ist ein Vollendeter geworden.

Wie in der gesamten christlichen Heiligengeschichte, so ist auch bei Buddha die Lehre von seinem Individuationsprozess nicht zu trennen. Vielmehr ist das Verhältnis von Leben und Lehre – prinzipiell gesehen – mit denselben psychologischen Kategorien zu begreifen wie etwa bei Jesus. Die Lehre ist die Quintessenz einer Lebenserfahrung, die in der Überwindung von innerer Zerrissenheit und Verzweiflung durch die Integration des Schattens ihren Höhepunkt erreicht. Wie bereits erläutert, hatte Buddhas Schatten in der Vergänglichkeit und im Leidcharakter des Daseins bestanden. Das Erleuchtungserlebnis besteht im Kern darin, dass Buddha diese grundlegenden Lebensbedingungen akzeptiert und hieraus radikale Folgerungen ableitet. Einem seiner Schüler erläutert er seine Folgerungen:

Nicht gibt es, Mönch, irgendeinen Körper, der beständig, fest, dauernd, nicht dem Gesetz des Wandels unterworfen ist. [...] nicht gibt es, Mönch, irgendeine Empfindung [...] irgendeine Wahrnehmung, irgendeine Vorstellung, irgendein Bewußtsein, das beständig, fest, dauernd, nicht dem Gesetz des Vergehens unterworfen ist (und) sich ständig gleich bleiben wird.[106]

Das Radikale und gleichzeitig Geniale der buddhistischen Psychologie liegt also darin, dass Buddha das einmal erkannte und schließlich akzeptierte Gesetz der Vergänglichkeit nicht auf die materielle Welt beschränkt, sondern verallgemeinert und auch auf das geistige und seelische Leben bezieht. Die notwendige Folgerung ist: Es gibt überhaupt kein Ich, keine Individualität, kein festes und gleichbleibendes Bewusstsein von der Welt und der eigenen Person. Wie im materiellen, so gibt es auch im psychischen Leben nur den ewigen Wandel, den permanenten Wechsel von einem Bewusstseinszustand zum nächsten, den unaufhaltsamen Übergang von einer Selbstinterpretation zu einer anderen. Alles Ich-hafte Denken, Fühlen, Begehren ist Illusion, Täuschung, Wahn. In Wirklichkeit gibt es überhaupt kein Ich.

Aber Buddha geht noch weiter in seinen Folgerungen aus dem Universalgesetz der Vergänglichkeit. Die Leidhaftigkeit des Daseins – die zweite Konstante in Buddhas Seinslehre – entsteht nach seiner Lehre aus einem doppelten Irrtum: Erstens setzt der Mensch ein Ich, das es eigentlich gar nicht gibt, und zweitens richtet dieses Ich sein Begehren auf Ziele, die es nicht erreichen kann: die Beständigkeit von Glück, materiellem Wohlstand, sozialer Anerkennung usw. Dadurch, dass der Mensch – so Buddha – sein unbeständiges Inneres als fest annimmt und dieses bestimmte, feste Wünsche und Ziele an eine dauernd im Wandel und Umsturz befindliche Außenwelt richten lässt, wird das Dasein für ihn leidvoll:

Was denkt ihr, Mönche, ist der Körper beständig oder unbeständig? – Unbeständig, Herr. Was aber unbeständig ist, ist das leidhaft oder freudhaft? – Leidhaft, Herr. Was aber unbeständig, leidhaft, dem Gesetz des Untergangs unterworfen ist, ist es recht, das anzusehen als „dies ist mein, dies bin ich, dies ist mein Selbst?" – Gewiß nicht, Herr! [107]

Daraus folgt – wiederum mit bestechender Konsequenz – der buddhistische Weg zur Aufhebung des Leidens, zur Erlösung, zum „Nirvana": Es ist die restlose Aufgabe des Ich nach Innen wie nach Außen. Nach innen, indem der Einzelne die Illusion einer bestimmten, festumrissenen Persönlichkeit überwindet und sich seiner „wahren" psychischen Mannigfaltigkeit und permanenten Metamorphose öffnet; nach außen, indem er alles Begehren nach weltlichen Zielen aufgibt und ein bedürfnisloses Leben nach überpersönlichen ethischen Maßstäben führt. Wer auf diese Weise sein Ich überwindet, gelangt nach Buddha ins „Nirvana", d. h. findet Erlösung und wird von jeder weiteren Wiedergeburt verschont.

In der berühmten Predigt von Benares – der ersten Verkündigung nach seiner Erleuchtung – hat Buddha die hier entwickelten und für unsere Zwecke wesentlichen Grundelemente seiner Lehre wie folgt zusammengefasst:

Dies, ihr Mönche, ist die heilige Wahrheit vom Leiden: Geburt ist Leiden, Alter ist Leiden, Krankheit ist Leiden, Tod ist Leiden, mit Unliebem vereint sein ist Leiden, von Liebem getrennt sein ist Leiden, nicht erlangen, was man begehrt ist Leiden [...] Dies, ihr Mönche, ist die heilige Wahrheit von der Entstehung des Leidens: Es ist der Durst, der von Wiedergeburt zu Wiedergeburt führt, samt Freude und Begier, der hier und dort seine Freude findet: der Lüstedurst, der Werdedurst, der Vergänglichkeitsdurst. Dies, ihr Mönche, ist die heilige Wahrheit von der Aufhebung des Leidens. Die Aufhebung dieses Durstes durch gänzliche Vernichtung des Begehrens, ihn fahren lassen, sich seiner entäußern, sich von ihm lösen, ihm keine Stätte gewähren. Dies, ihr Mönche, ist die heilige Wahrheit von dem Wege zur Aufhebung des Leidens: Es ist dieser heilige, achtteilige Pfad, der da heißt: Rechter Glauben, rechtes Entschließen, rechtes Wort, rechte Tat, rechtes Leben, rechtes Streben, rechtes Gedenken, rechtes Sichversenken.[108]

Damit wird klar, dass die buddhistische Lehre von der Erlösung als Überwindung des Ich jenen exemplarischen psychischen Prozess meint, den C. G. Jung als Durchbruch zum Selbst bezeichnet hat; deshalb deckt er sich mit der Zielprojektion des christlichen Heilsweges vollkommen. Dass Hermann Hesse diese Parallelität anerkannte und Buddhas Lehre als geistig-religiöse Legitimation für seine Darstellung des Individuationsprozesses ansah, wurde bereits ausgeführt. In der Tat erstreben sowohl die christliche als auch die buddhistische Lehre in letzter Konsequenz einen psychischen Zustand, in dem jedes bloß Ich-hafte, individualisierte und deshalb polare Bewusstsein aufgehoben ist zugunsten einer Befindlichkeit, in welcher der Einzelne sich seines Zusammenhangs – Buddha würde sagen: seiner Identität – mit dem Ganzen der Welt wieder bewusst wird und daraus lebt und handelt. Der Weg ist verschieden, das Ziel ist dasselbe: Buddha gelangt zum Selbst über das Leiden an der Vergänglichkeit alles Irdischen, Jesus und die christliche Tradition über das Leiden am Bösen. Der eine verzweifelt an einem ontischen, der andere an einem moralischen Konflikt. Aber beide finden dadurch Erlösung, dass sie ihren jeweiligen Schatten annehmen und in ein Lebenskonzept integrieren, das die Ganzheit des Seins wieder umgreift und liebend bejaht.

15. Die Upanishaden

In diesem Kapitel soll gezeigt werden, dass der Begriff des Selbst, wie er von Hermann Hesse und C. G. Jung erfasst wurde, in praktisch allen seinen Aspekten auch die altindische Weisheitslehre der Upanishaden – die ja heute noch die geistige Grundlage des Hinduismus bildet – mit einbezieht. Das Individuationsziel in Hesses Erzählungen vereint mit der gesamten Tradition der christlichen Religiosität die beiden großen indischen Weltreligionen – Hinduismus und Buddhismus.

Die beiden zentralen Begriffe, die es in diesem Zusammenhang zu erläutern gilt, sind die hinduistischen Grundkategorien des Atman und des Brahman. Das Atman wird in der Brihad- Aranyaka-Upanishad wie folgt charakterisiert:

> Der, welcher in allen Wesen wohnend von allen Wesen verschieden ist, den die Wesen alle nicht kennen, dessen Leib alle Wesen sind, der alle Wesen von innen lenkt, das ist dein Atman, der heimliche Lenker, der Unsterbliche.[109]

Damit eignen dem Atman die wesentlichsten Kriterien für den Kern-Aspekt des Selbst an. Das Atman ist ein Archetypus („in allen Wesen wohnend"), überpersönlich („von allen Wesen verschieden"), in der Regel dem Einzelnen unbewusst („den die Wesen alle nicht kennen"), dennoch aber von verborgener schicksalprägender Kraft und unsterblich („der heimliche Lenker, der unsterbliche"). Das Atman ist nach hinduistischer Auffassung also der innerste, nicht weiter teilbare Kern der Individualseele, der alle individuellen Merkmale vollkommen abgelegt hat und sowohl als überpersönlich wie auch als unsterblich gedacht wird. Dies entspricht exakt den später von Jung beschriebenen Merkmalen des Selbst.

Die überpersönliche Natur des Atman muss nach Jung mit dem Gesetz der zunehmenden Kollektivität der seelischen Tiefenstrukturen erklärt werden:

Die tieferen Schichten der Psyche verlieren mit zunehmender Tiefe und Dunkelheit die individuelle Einzigartigkeit. Sie werden nach unten [...] zunehmend kollektiver. [...] Zuunterst ist Psyche überhaupt „Welt".[110]

Die Unsterblichkeitserfahrung resultiert nach Jung aus der unräumlichen und unzeitlichen Struktur des kollektiven Unbewussten:

Das bei der Wandlung auftretende, ahnende Gefühl der Unsterblichkeit hängt mit der eigentümlichen Natur des Unbewußten zusammen. Es haftet ihm nämlich etwas Unräumliches wie Unzeitliches an.[111]

In derselben Upanishad wird auch das Wesen des Brahman erläutert. Ein Weiser erklärt seinem Schüler, dass das Brahman als „purusha" (Geist) in den verschiedensten Phänomenen der Erscheinungswelt auftritt:

Den Purusha in der Sonne, den verehre ich als Brahman. Den Purusha in dem Monde, den verehre ich als Brahman. Den Purusha im Winde, den verehre ich als Brahman. Den Purusha in den Wassern, den verehre ich als Brahman. Den Purusha im Feuer, den verehre ich als Brahman.[112]

Das Brahman – so darf man aus den vorgeführten Beispielen schließen – ist die göttliche Essenz, der ewig in sich selbst gleiche Geist, der alle Phänomene des Seins durchwirkt und ihnen ihre innere Verbindung und Einheit schenkt. Das Brahman reicht demnach als durchgängig wirksames geistiges Prinzip auch in den Menschen hinein und fällt damit am Ende mit dem Atman zusammen. Deshalb schließt der Weise seine Beschreibung des Brahman mit dem klassischen Paradoxon der Upanishaden: „Den Purusha in der Person (atmani), den verehre ich als Brahman."[113]

Mit anderen Worten: Nach hinduistischer Auffassung sind der innerste, geistige Kern in der Seele jedes Menschen und die geistige Essenz der äußeren Erscheinungswelt miteinander identisch – die individuelle Psyche enthält die ganze Vielfalt der Welt. Es scheint ganz so, als sei diese Quintessenz der Upanishaden die früheste Ahnung und Formulierung dessen, was Jung ca. 3000 Jahre später als das „Kollektive Unbewusste" bezeichnet hat.

Aber die Vorwegnahme der Ergebnisse von Jungs Psychologie in den Upanishaden geht noch weiter; sie erbringt praktisch die ganze Fülle von Einsichten in die Natur des Selbst, die Jung später auf anderen Wegen, durch Traumanalyse, psychotherapeutische Beratung und dergleichen mehr fand und wissenschaftlich ausarbeitete. Alle diese weiteren Einsichten stellen Folgerungen aus der Grunderkenntnis dar, dass die menschliche Seele sowohl einen innersten, überpersönlichen und unsterblichen Kern („Atman") enthält als auch die ganze Vielfalt der Welt („Brahman").

Zunächst wird betont, dass die Vielheit der Psyche durch eine Einheit zusammengehalten und gebändigt wird – jenes psychologische Faktum, das Jung als den Ganzheits- und Einheitsaspekt des Selbst bezeichnet:

Die Seele der Geschöpfe ist eine Einheit, nur von Geschöpf zu Geschöpf verteilt; eine Einheit und Vielheit zugleich, wie der Mond sich in vielerlei Gewässern spiegelt.[114]

Dieser Aspekt der Einheit in der Vielheit bzw. der Vielheit in der Einheit wird sich später als eines der wichtigsten Leitmotive in den Erzählungen Hermann Hesses erweisen. Die Upanishaden zeigen, dass er bereits in uralten religiösen Texten wesenhaft indischer Prägung vorkommt.

Das Nämliche gilt für den zentralen Gedanken des späten Hesse: die natürliche Sozialität des Menschen am Ende des Individuationsprozesses. Dazu heißt es in den Upanishaden:

Wer in allen Wesen sich und sich in allen Wesen sieht, der geht, nicht aus einem anderen Grunde, in das höchste Brahman ein.[115]

Jung hat dieses psychologische Faktum als den „sozialen Aspekt des Selbst" bezeichnet. Auch Marie-Louise von Franz schreibt in ihrem Essay über den Individuationsprozess:

> Soweit wir heute den Individuationsprozess kennen, neigt das „Selbst" jeweils dazu, [...] Gruppenformationen herzustellen, und zwar einerseits eine gewisse Gefühlsverbundenheit mit allen Menschen, andererseits eine genau umrissene Gefühlsverpflichtung zu bestimmten anderen Individuen. [116]

Der soziale Aspekt des Selbst resultiert daraus, dass der ver- selbstete Mensch die kollektiven Anteile seiner Psyche assimiliert hat und aus ihnen heraus empfindet und handelt. Da er in sich selbst den Mitmenschen weiß, kann er Nähe zu ihm herstellen und in dem anderen sein eigenes Selbst erleben. Der Mensch, der ins Zentrum seines Selbst vorgedrungen ist, betrachtet jeden Mitmenschen als Brücke zum eigenen Inneren.

Genau diese Folgerung – die natürlich auch die psychologische Basis von Jesu Gebot der Feindesliebe darstellt – ist einer der entscheidenden Schlüssel zum Verständnis der Psychologie von Hesses Erzählungen. Jede noch so unscheinbare Nebenfigur in seinem Werk (seit dem „Demian") steht für eine bestimmte psychische Provinz, die der jeweilige Protagonist im Verlauf seines Individuationsprozesses als Teil des eigenen Selbst erkennen und realisieren muss. In den Upanishaden wie in den Evangelien ist dies als eine notwendige Voraussetzung bzw. Begleiterscheinung der Verselbstung dargestellt.

Aber auch der kosmische Aspekt des Selbst ist in den Upanishaden bereits formuliert. Der Weise sagt:

> In mir ist alles entstanden, in mir ist alles gegründet, in mir geht alles zur Vernichtung ein [...] ich bin das mannigfache All.[117]

Zum kosmischen Aspekt des Selbst heißt es bei Marie-Louise von Franz:

> Das Selbst ist eben nicht völlig in unserem Bewußtseinsbereich und seinem Zeitraum enthalten, es hat einen Aspekt von Zeitlosigkeit und Allgegenwart. Darum wird es oft durch einen großen Menschen symbolisiert, der den ganzen Kosmos umfängt. [...]

> Die kosmische Natur dieses großen Menschen scheint ferner darauf hinzuweisen, dass der innerste Kern der menschlichen Seele, das heißt das Selbst, von einer das individuelle Ich weit überragenden Ausdehnung ist.[118]

16. Laotse

Die 81 Aphorismen des „Tao-Te-King" – eines altchinesischen Weis-
heitsbuches, das dem legendären Verfasser Laotse (7. Jahrhundert v.
Chr.) zugeschrieben wird – sind nicht nur für Hermann Hesse zu einem
Buch der Offenbarung geworden. Klabund, Henry Miller, Karlfried
Graf Dürckheim und viele andere berühmte Persönlichkeiten haben
öffentlich bekannt, dass sie diesem Werk Entscheidendes verdanken.
Zeitweise – übrigens auch schon in den Zwanziger Jahren – ist es in
Esoterikerkreisen sogar zu einer Art Kultbuch geworden.

Weniger bekannt und verbreitet dürfte sein, dass auch das „Tao-te-
King" die archetypischen Strukturen des Individuationsprozesses nach
Jung reproduziert und vom „Berufenen" die Realisierung der einzelnen
Stufen verlangt. Die Assimilation des Schattens – jene primäre Notwen-
digkeit für die Menschwerdung, deren archetypische Gültigkeit für den
christlichen wie für den buddhistischen Heilsweg bereits aufgezeigt
wurde – hat Laotse für den chinesischen Kulturkreis so formuliert:

Wer seine Ehre kennt und seine Schmach bewahrt,
der ist das Tal der Welt.
Ist er das Tal der Welt,
So hat er Genüge am ewigen Leben,
und er kehrt zurück zur Einfalt.[119]

Der erste Schritt zu einem vertieften Menschsein („Tal") – so ist sich
Laotse mit Jesus, Paulus und Buddha einig – ist die Integration des
Schattens („Schmach"); hat der Mensch seinen Schatten angenommen,
so partizipiert er bewusst am ewigen Dualismus von Gut und Böse und
erreicht damit eine höhere Stufe der Persönlichkeitsentwicklung.

Mit dieser Grunderkenntnis, die er mit der christlichen Psychologie
teilt, gibt sich aber Laotse noch keineswegs zufrieden. Er fordert auch
explizit eine Integration der Anima im Sinne Jungs:

> Wer seine Mannheit kennt und seine Weibheit wahrt,
> der ist die Schlucht der Welt.
> Ist er die Schlucht der Welt,
> so verlässt ihn nicht das ewige Leben,
> und er wird wieder wie ein Kind. [120]

Die symbolische Steigerung vom „Tal" zu „Schlucht" ist sprechend: Laotse wusste anscheinend bereits, dass die Anima („Weibheit") der tieferliegende und schwieriger zu assimilierende Archetypus ist, und dass ihre Integration deshalb noch ganz andere Dimensionen der inneren Tiefenerfahrung voraussetzt als das bloße Wissen um den Schatten. Wer „seine Weibheit wahrt", der hat nicht nur das Wissen vom Ewig-Bösen, sondern auch vom Ewig-Weiblichen in sich und handelt danach.

Die Assimilation dieser zweiten Dichotomie bedeutet einen weiteren Zugewinn in der Partizipation an den ewigen Lebensgesetzen und an innerer Einheit und Ganzheit. Gerade die Integration der weiblichen Seelenanteile kann – das weiß Laotse – dem geistbestimmten Mann eine neue Unschuld geben („er wird wieder wie ein Kind").

Die letzte und höchste Stufe des Individuationsprozesses aber ist bei Laotse – wie in allen Religionen und Weisheitslehren – die Erfahrung des Selbst. Sein Terminus für diesen Archetypus ist das „Tao". So interpretiert auch Jung, wenn er schreibt:

> Das was hier „Selbst" genannt wird, ist [...] wie der Atman, wie das Tao."[121]

Die Attribute, die Laotse dem „Tao" nachsagt, entsprechen im wesentlichen den bereits genannten und lassen sich alle mit den Kategorien von Jungs Psychologie erklären. So etwa, wenn gleich der erste Aphorismus des „Tao-te-King" auf der Unbeschreibbarkeit des „Tao" insistiert (wobei selbstverständlich dann das ganze Buch nichts anderes versucht, als eben das Unbeschreibbare doch zu beschreiben):

Das Tao, das sich aussprechen lässt, ist nicht das ewige Tao.
Der Name, der sich nennen lässt, ist nicht der ewige Name. [122]

Die Unbeschreibbarkeit des „Tao" beruht darauf, dass nach Jung große Teile des Selbst andauernd im Unbewussten liegen und deshalb auch nicht benennbar sind. Man kann sie ahnen, fühlen, empfinden – aber niemals vollständig in Worte fassen.

Laotse nennt sodann eine ganze Reihe von Merkmalen des erleuchteten Menschen, die im Grunde nicht direkt in den Rahmen unserer Darlegung gehören, aber doch wenigstens kurz erwähnt werden sollen, weil sie für Hermann Hesse sehr wichtig geworden sind. Dazu zählen namentlich

Einsamkeit:

Ohne aus der Tür zu gehen
kennt man die Welt.
Ohne aus dem Fenster zu schauen
sieht man das Tao des Himmels. [123]

Ungeschäftigkeit:

Das Tao erlangen kann man nur,
wenn man immer frei bleibt von Geschäftigkeit.
Die Vielbeschäftigten sind nicht geschickt,
das Tao zu erlangen. [124]

Unscheinbarkeit und Bescheidenheit:

Der Berufene [...] will nicht selber scheinen.
Darum wird er erleuchtet.
Er tut sich nicht selber hervor,
darum wird er erhoben. [125]

Wunschlosigkeit:

> Der Berufene [...] wünscht Wunschlosigkeit.
> Er hält nicht wert schwer zu erlangende Güter. [126]

Einfalt:

> Wer festhält des Tao Völligkeit,
> der gleicht einem neugeborenen Kindlein. [127]

Freiheit vom Affekt:

> Wer gut zu kämpfen weiß,
> ist nicht zornig.
> Wer gut die Feinde zu besiegen weiß,
> kämpft nicht mit ihnen.[128]

Mißtrauen gegen alles Reden:

> Der Wissende redet nicht.
> Der Redende weiß nicht. [129]

Nicht-Handeln:

> Das Allerweichste auf Erden
> überholt das Allerhärteste auf Erden.
> Das Nichtseiende dringt auch noch ein in das,
> was keinen Zwischenraum hat.
> Daran erkennt man den Wert des Nicht-Handelns.[130]

Viele diese Voraussetzungen oder auch Begleiterscheinungen des erleuchteten Menschen sind in das Bild eingegangen, das Hermann

Hesse in seinen Erzählungen von Jungs Archetypus des Alten Weisen entworfen hat. Sie wären ohne Bezugnahme auf den Taoismus in ihrer spezifischen Ausformung nicht voll verständlich.

Während nun diese Aphorismen als spezifisch taoistisches Gedankengut angesehen werden können, sind im 32. Aphorismus zwei nähere Qualifizierungen des „Tao" überliefert, die unübersehbar deutlich machen, dass der psychologische Aspekt dieses kosmologischen Begriffs völlig zweifelsfrei mit Jungs Selbst zu identifizieren ist und deshalb das kulturübergreifende Ideal einer Überwindung des Ich auch für den Taoismus und für China Gültigkeit hat.

Die eine Qualifizierung betrifft den Einheitsaspekt des „Tao", der mit dem Einheitsaspekt des Selbst bei Jung zusammenfällt (das Selbst als Totalität der Psyche). Der 32. Aphorismus beginnt mit den Worten:

Das Tao als Ewiges ist namenlose Einfalt. [131]

Schließlich gibt es Sinnsprüche, die deutlich machen, dass Laotse wie Jesus und Buddha die Überwindung des Ich als das entscheidende Kennzeichen des vollendeten Menschen ansieht. Sie lauten:

Der Berufene lebt in der Welt ganz still
und macht sein Herz für die Welt weit.
Die Leute alle blicken und horchen nach ihm.
Und der Berufene nimmt sie alle an als seine Kinder. [132]

Je mehr er für andere tut, desto mehr besitzt er.
Je mehr er anderen gibt, desto mehr hat er. [133]

Der Grund, warum ich große Übel erfahre, ist,
dass ich eine Person habe,
habe ich keine Person,
was für Übel könnte ich dann erfahren? [134]

Jeder dieser Sprüche könnte auch in den Evangelien, in den paulinischen Briefen, in den Reden Buddhas oder in den Upanishaden stehen. Sie sind die Quintessenz der Weisheitslehren aus allen Epochen und Kulturen. Sie sind jene eine große Wahrheit, auf die sich die wissendsten und verantwortlichsten Menschen der Menschheit unabhängig von ihrer Abstammung und ohne Wissen voneinander verständigt haben. Sie sind eine große Mahnung und Lehre für die Menschheit, welche sie hören muss, wenn sie überleben will.

Dies hat in unserem Jahrhundert kein Dichter so klar, bewusst und verantwortlich erkannt wie Hermann Hesse. Sein Werk ist ein Versuch, diese religionsübergreifende anthropologische Wahrheit in immer neuen dichterischen Gleichnissen auszudrücken.

Anmerkungen und Quellennachweise

1 Zit. nach: Upanishaden. Die Geheimlehre der Inder. Übertr. u. eingel. v. Alfred Hillebrandt. Düsseldorf/Köln 1979 (Umschlagseite).

2 Zit. nach: Erinnerungen, Träume, Gedanken. Von C. G. Jung. Aufgezeichnet und herausgegeben von Aniela Jaffe. Olten 1971. S. 153/154.

3 Vgl. C. G. Jung: Ges. Werke (im folgenden als G.W. zit.) Bd. 5 (Olten 1971-1983).

4 Vgl. C. G. Jung, Erinnerungen, Träume, Gedanken, S. 388ff.

5 G.W., Bd. 9/1, S. 289 und 302.

6 Zit. nach: A. Jaffe. C. G. Jung. Bild und Wort. Olten 1983. S. 231/232.

7 G.W., Bd. 11, S. 675.

8 G.W., Bd. 9/2, S. 41.

9 Zit. nach: Materialien zu Hermann Hesses Siddhartha. Erster Band. Hgg. v. Volker Michels. Frankfurt/M. 1975 (im folgenden als MatSiddh. zit.), S. 114.

10 G.W., Bd. 9/2, S. 32.

11 Vgl. Hesses Brief an Ludwig Thoma vom 6.1.1912 in: Ges. Briefe (im folgenden als G.B. zit.), Olten 1972, Bd. 1, S. 204ff.

12 G.B., Bd. 1, S. 323.

13 ebd., S. 323.

14 ebd., S. 325.

15 G.W., Bd. 6, S. 67ff. (Frankfurt/M. 1970)

16 ebd., S. 74ff.

17 Vgl. den Brief an Ball in: G.B., Bd. 2, S. 118, und den Aufsatz in: G.W., Bd. 12 S. 430ff.

18 Zit. nach: Jung. G.B., Bd. 3, S. 384/385.

19 Vgl. dazu die Angaben in MatSiddh. 1, S. 38.

20 G.B., Bd. 1, S. 468.

21 ebd., S. 470/471.

22 ebd., S. 472.

23 ebd., S. 473.

24 ebd., S. 473.

25 Zit. nach MatSiddh., Bd. 1, S. 131/132.

26 ebd., S. 137.

27 G.B., Bd. 1, S. 572 (Anhang).

28 Vgl. das Standardwerk: Hermann Hesse. Dichter, Sucher, Bekenner (München 1979) des führenden amerikanischen Hesse-Forschers (S. 100).

29 G.B., Bd. 1, S. 474.

30 Zit. nach: Materialien zu Hermann Hesses Steppenwolf (im folgenden als Matstep zit.). Hgg. v. Volker Michels. Frankfurt/M. 1972, S. 33.

31 ebd., S. 63.

32 ebd., S. 64.

33 G.B., Bd. 2, S. 128/129.

34 Vgl. Miguel Serrano: Meine Begegnungen mit C. G. Jung und Hermann Hesse in
    visionärer Schau. Zürich/Stuttgart 1968. S. 25.
35 Vgl. Hesses Brief an Alice Leuthold vom Februar 1940 in: G.B., Bd. 3, S. 45ff.
36 G.B., Bd. 3, S. 265/266.
37 Vgl. Johannes Cremerius: Schuld und Sühne ohne Ende. Hermann Hesses
    psychotherapeutische Erfahrungen. In: Literaturpsychologische Studien und Analysen.
    Hgg. v. Walter Schönau. Bd. 17. Amsterdam 1983, S. 194.
38 G.W., Bd. 12, S. 432.
39 Jung, Briefe. Hgg. v. Aniela Jaffe. Bd. 1-3 Olten 1972, S. 221
40 Zit. nach: Jung, Briefe, Bd. 1, S. 24, Anm. 1.
41 ebd., S. 234.
42 G.W., Bd. 11, S. 268-270.
43 Zit. nach: Jung, Briefe, Bd. 2, S. 184, Anm. 1.
44 ebd., S. 183/184.
45 G.W., Bd. 12, S. 368.
46 ebd., S. 365.
47 G.B., Bd. 4, S. 54.
48 ebd., S. 320/321.
49 Zit. nach: Hermann Hesse. Mein Glaube. Frankfurt/M. 1971, S. 125.
50 G.B., Bd. 2, S. 198.
51 G.W., Bd. 10, S. 71.
52 G.B., Bd. 2, S. 50.
53 G.W., Bd. 10, S. 76.
54 ebd., S. 74/75.
55 ebd., S. 78/79.
56 ebd., S. 46.
57 ebd., S. 438.
58 Zit. nach: MatSiddh., Bd. 1, S. 148.
59 Jung, G. W., Bd. 9/1, S. 278.
60 ebd., S. 32.
61 Zit. nach: Hermann Hesse: Ausgewählte Briefe. Zusammengestellt von Hermann Hesse
    und Ninon Hesse. Frankfurt/M. 1974, S. 30.
62 Vgl. Rudolf Bultmann: Neues Testament und Mythologie. Das Problem der
    Entmythologisierung der neutestamentlichen Verkündigung. München 1941 (in: R.B.,
    Offenbarung und Heilsgeschehen, München 1941).
63 Dieses und alle nachfolgenden Bibelzitate werden angeführt nach der Jerusalemer Bibel:
    Die Heilige Schrift des Alten und Neuen Bundes. Deutsche Ausgabe. Hgg. v. Diego
    Arenhoevel, Alfons Deissler, Anton Vögtle. Freiburg. i. Br. (15)1968.
64 G.W., Bd. 5, S. 551.
65 David Flusser: Jesus. In Selbstzeugnissen und Bilddokumenten. Hamburg 1968.
66 Gustav Mensching: Die Weltreligionen. Wiesbaden 1981. S. 173.
67 Flusser, S. 28.
68 G.W., Bd. 5, S. 194 u. 277.

69 Vgl. Joseph L. Henderson: Der moderne Mensch und die Mythen. In: Der Mensch und seine Symbole. Von C. G. Jung u.a. Olten 1968, S. 151 und 156.

70 Vgl. Martin Heidegger: Brief über den Humanismus. Frankfurt/M. 1981, S. 15-59.

71 Vgl. Marie Louise von Franz: Der Individuationsprozeß. In: Der Mensch und seine Symbole, a.a.O., S. 215/216.

72 Vgl. Friedrich Nietzsche: Werke in 5 Bänden. Hgg. v. Karl Schlechta. Frankfurt/M/Berlin/Wien 1969. Bd. 3, S. 1138 u. 1145.

73 G.B., Bd.l, S. 479.

74 Zit. nach: C. G. Jung: Bild und Wort, a.a.O., S. 233.

75 Hier zit. nach Flusser, S. 87. Die Autoren der Jerusalemer Bibel übersetzen diese Stelle anders, erklären Flussers Version aber ausdrücklich für möglich (vgl. S. 1384, Anm. 11/12).

76 Thorvald Dethlefsen: Krankheit als Weg. Deutung und Bedeutung der Krankheitsbilder. München 1983.

77 Franz Alt: Jesus – der erste neue Mann. München 1989.

78 Jung, G. W., Bd. 9/2, S. 47 u. 51.

79 Vgl. Claude Tresmontant: Paulus. Hamburg 1959, S. 16 u. 19.

80 Vgl. die Zeittafel bei Tresmontant, S. 161.

81 Zit. nach: Janko Lavrin: Dostojevskij. In Selbstzeugnissen und Bilddokumenten. Hamburg 1963, S. 135.

82 Zit. nach: Richard Wilhelm. Tao-te-king. Das Buch vom Sinn und Leben. Köln/Düsseldorf 1957, S. 42.

83 Zit. nach: Der Mensch und seine Symbole, S. 161/162.

84 Ernst Sandvoss. Aurelius Augustinus. Ein Mensch auf der Suche nach Sinn. Freiburg i. Br. 1978.

85 Hanns Lilje: Martin Luther. In Selbstzeugnissen und Bilddokumenten. Hamburg 1965; Richard Friedenthal: Luther. Sein Leben und seine Zeit. (1)(1967), Neuausg. München 1982.

86 Zit. nach Sandvoss, S. 37.

87 ebd., S. 26.

88 ebd., S. 75.

89 ebd., S. 71.

90 ebd., S. 83.

91 Friedenthal, S. 16.

92 ebd., S. 17.

93 ebd., S. 39.

94 ebd., S. 58/59.

95 Vgl. Lilje, S. 55, und Friedenthal, S. 38.

96 Zit. nach Friedenthal, S. 41.

97 Zit. nach Lilje, S. 67-69.

98 Maurice Percheron: Buddha. In Selbstzeugnissen und Bilddokumenten. Hamburg 1958; Johannes Lehmann: Buddha. Leben, Lehre, Wirkung. Der östliche Weg zur Selbsterlösung. München 1980.

99 Vgl. Percheron, S. 17, und Lehmann, S. 23.

100 Zit. nach Lehmann, S. 35.
101 Lehmann, S. 47.
102 Jung, G. W., Bd. 11, S. 529.
103 Lehmann, S. 46, 47 u. 52.
104 Jung, G. W., Bd. 11, S. 529.
105 Zit. nach Percheron, S. 24/25.
106 Zit. nach Lehmann, S. 83.
107 ebd., S. 85.
108 ebd., S. 63.
109 Zit. nach: Upanishaden, a.a.O., S. 67.
110 Jung, G. W., Bd. 9/1, S. 18.
111 ebd., S. 156.
112 Upanishaden, S. 58/59.
113 ebd., S. 60.
114 ebd., S. 220.
115 ebd., S. 214.
116 Zit. nach: Der Mensch und seine Symbole, S. 222/223.
117 Upanishaden, S. 214/215.
118 Zit. nach: Der Mensch und seine Symbole, S. 199/200.
119 Zit. nach Richard Wilhelm, a.a.O., S. 68.
120 ebd., S. 68.
121 Jung, G. W., Bd. 11, S. 675.
122 Zit. nach Wilhelm, S. 41.
123 ebd., S. 90.
124 ebd., S. 91.
125 ebd., S. 62.
126 ebd., S. 107.
127 ebd., S. 98.
128 ebd., S. 111.
129 ebd., S. 129.
130 ebd., S. 86.
131 ebd., S. 72.
132 ebd., S. 92.
133 ebd., S. 124.
134 ebd., S. 53.

Literaturverzeichnis

1. Literatur von Hermann Hesse

Gesammelte Werke. Bd. 1-12. Frankfurt/M. 1970 Gesammelte Briefe. Bd. 1-4. Hgg. v.
  Ursula u. Volker Michels in Zusammenarbeit mit Heiner Hesse. Frankfurt/M. 1973-
  1986
Materialien zu Hermann Hesses „Siddhartha". Bd. 1. Texte von Hermann Hesse. Hgg. v.
  Volker Michels. Frankfurt/M. 1975
Materialien zu Hermann Hesses „Der Steppenwolf". Teil 1: Texte von Hermann Hesse. Hgg.
  v. Volker Michels. Frankfurt/M. 1972
Materialien zu Hermann Hesses „Das Glasperlenspiel". Bd. 1. Texte von Hermann Hesse.
  Hgg. v. Volker Michels. Frankfurt/ M. 1977

2. Sonstige literarisch-philosophische Primärliteratur

Dostojevskij, Fjodor M.: Die Brüder Karamasow. Aus dem Russischen übertragen von Hans
  Ruoff und Richard Hoffmann. München 1978
Döblin, Alfred: Die drei Sprünge des Wang-Lun. Berlin 1915
Goethe, Johann Wolfgang von: Das Märchen. In: Gesammelte Werke. Hamburger Ausgabe.
  Hgg. v. Erich Trunz. Müchen 1981
Heidegger, Martin: Brief über den Humanismus. Frankfurt/M. 81981
Kafka, Franz: Das Urteil. In: Sämtliche Erzählungen. Hgg. v. Paul Raabe. Frankfurt/M. 1970
  ders.: Der Prozess. Frankfurt/M. 1979
Mann, Thomas: Die vertauschten Köpfe. In: Die Erzählungen. Frankfurt/M. 1975
Miller, Henry: Von der Unmoral der Moral und andere Texte. Deutsch von Hermann Stiehl.
  Hamburg 1979
Nietzsche, Friedrich: Also sprach Zarathustra. In: Werke III, Hgg. v. Karl Schlechta.
  München 1969
  ders.: Ecce homo. In: Werke III, ebd.
Zweig, Stefan: Die Augen des ewigen Bruders. Leipzig 1922

3. Literatur zum religiösen Teil

Alt, Franz: Jesus – der erste neue Mann. München 1989
Arenhoevel, Diego/Deissler, Alfons/Voegtle, Anton: Die Bibel. Die Heilige Schrift des Alten
  und Neuen Bundes. Deutsche Ausgabe mit den Erläuterungen der Jerusalemer Bibel.
  Freiburg/Basel/Wien 151979 (11968)
Bultmann, Rudolf: Neues Testament und Mythologie. Das Problem der Entmythologisierung
  der neutestamentlichen Verkündigung. München 1941 (in R.B.: Offenbarung und
  Heilsgeschehen)

Dethlefsen, Thorwald/Dahlke, Rüdiger: Krankheit als Weg. Deutung und Bedeutung der Krankheitsbilder. München 1983

Flusser, David: Jesus. In Selbstzeugnissen und Bilddokumenten. Hamburg 1968

Friedenthal, Richard: Luther. Sein Leben und seine Zeit. Neuausgabe. München 1982 (11967)

Fromm, Erich/Martino, Richard de, (Hg.): Zen-Buddhismus und Psychoanalyse. Frankfurt/M. 1980

Hillebrandt, Alfred: Upanishaden. Die Geheimlehre der Inder. Übertr. u. eingel. v. Alfred Hillebrandt. Mit einem Vorw. v. Helmuth von Glasenapp. Düsseldorf/Köln 1977

Lehmann, Josef: Buddha. Leben, Lehre, Wirkung. Der östliche Weg zum Selbst. München 1980

Lilje, Hanns: Martin Luther. In Selbstzeugnissen und Bilddokumenten. Hamburg 1965

Mensching, Gustav: Die Weltreligionen. Wiesbaden 1981

Percheron, Maurice: Buddha. In Selbstzeugnissen und Bilddokumenten. Hamburg 1958

Sandvoss, Ernst: Aurelius Augustinus. Ein Mensch auf der Suche nach Sinn. Freiburg i. Br. 1978

Suzuki, Daisetz T.: Die große Befreiung. Einführung in den Zen-Buddhismus. Zürich/Bern 1980

Tresmontant, Claude: Paulus. In Selbstzeugnissen und Bilddokumenten. Hamburg 1959

Wilhelm, Richard, (Hg.): Lao-tse. Tao-te-King. Das Buch vom Sinn und Leben. Übersetzt und mit einem Kommentar von Richard Wilhelm. Köln/Düsseldorf 1957

4. Literatur zur Psychologie von C. G. Jung

Franz, Marie Louise von: Das Unbewusste und die Wissenschaften. In: Der Mensch und seine Symbole. Olten 1968. S. 304-311

dies.: Der Individuationsprozess. In: ebd., S. 158-229

Henderson, Joseph L.: Der moderne Mensch und die Mythen. In: ebd. S. 104-157

Jaffe, Aniela: C. G. Jung. Bild und Wort. Eine Biografie. Sonderausgabe. Olten 1983

Jung, Carl Gustav: Briefe. Hgg. v. Aniela Jaffe, Zürich, in Zusammenarbeit mit Gerhard Adler, London. 3 Bde. Olten und Freiburg i. Br. 1972

ders.: Gesammelte Werke. Hgg. v. Lilly Jung-Merker und Dr. Phil. Elisabeth Rüf. Olten 1971-1983

5. Sonstige Sekundärliteratur

Cremerius, Johannes: Schuld und Sühne ohne Ende. Hermann Hesses psychotherapeutische Erfahrungen. In: Literaturpsychologische Studien und Analysen. Hgg. v. Walter Schönau. Bd. 17. Amsterdam 1983, S. 169-204

Lavrin, Janko: Fjodor M. Dostojevskij. In Selbstzeugnissen und Bilddokumenten. Hamburg 1963

Mileck, Joseph: Hermann Hesse. Dichter, Sucher, Bekenner. Biografie. Aus dem Amerikanischen. München 1979. (Originaltitel: Hermann Hesse. Life and Art. Berkeley 1978)

Serrano, Miguel: Meine Begegnungen mit C. G. Jung und Hermann Hesse in visionärer Schau. Zürich und Stuttgart 1968